**ACTIONS THÉMATIQUES PROGRAMMÉES
A.T.P. N° 10**

SCIENCES HUMAINES

ESPACES ET RÉGIONS EN EUROPE OCCIDENTALE

(STRUCTURES ET DIMENSIONS DE RÉGIONS EN EUROPE OCCIDENTALE)

Sous la direction de MM. Étienne JUILLARD et Henri NC[...]
responsables de l'E.R.A. 214 du C.N.R.S.
Professeurs à l'Université L. Pasteur, Strasbourg

ÉDITIONS DU CENTRE NATIONAL DE LA RECHERCHE SCIENTIFIQUE
15, quai Anatole-France — 75700 PARIS
1976

© Centre National de la Recherche Scientifique • Paris, 1976
ISBN 2-222-02046-8

UNIVERSITE LOUIS PASTEUR

STRASBOURG

CENTRE DE RECHERCHES REGIONALES

(Equipe de recherche associée au C.N.R.S. n° 214)

Ont collaboré à cette étude

E. JUILLARD
Professeur honoraire à
l'Université L. Pasteur
Directeur de l'E.R.A. 214
(1970-1973)

H. NONN
Professeur à l'Université
L. Pasteur. Directeur de
l'E.R.A. 214 depuis
1973

H. REYMOND
Maître de Conférences
à l'Université L. Pasteur

R. KLEINSCHMAGER
Assistant de recherches
Contractuel à l'E.R.A. 214

S. RIMBERT
Maître de recherches
au C.N.R.S. (E.R.A. 214)

M. PRUVOT
Maître assistant à
l'Université L. Pasteur

C. CAUVIN
Maître assistant à
l'Université L. Pasteur

Avec l'assistance technique de :

A. MAURER
Cartographe
I.T.A. du C.N.R.S.
(E.R.A. 214)

A. PINCK
Secrétaire
U.E.R. de Géographie

G. SCHAUB
Documentaliste
I.T.A. du C.N.R.S.
(E.R.A. 214)

Décembre 1975

INTRODUCTION

        Parmi les préoccupations actuelles de la plupart des Etats figure le souci de leur équilibre socio-économique interne, qui se traduit par une politique d'aménagement du territoire, essentiellement pratiquée au niveau de la région. La structure fédérale de certains Etats y conduisait spontanément : ainsi pour l'Allemagne ou la Suisse. Au lendemain de la guerre, l'Italie, l'Angleterre, se sont dotées de "régions" qui servent de base à la planification. La France y accède par d'autres voies, après une longue et lourde période de centralisation. Bref, une étude comparée des structures régionales des pays de l'Europe occidentale devient possible.

        De leur côté les géographes ont depuis des lustres vu dans la "région" le niveau privilégié de leurs analyses monographiques, car c'est le niveau auquel se complètent et se coordonnent le plus clairement les diverses formes d'activités et d'établissements humains. Mais il est rare qu'il y ait coïncidence entre les circonscriptions administratives et la réalité des espaces fonctionnels résultant de l'action humaine. Ceux-ci, en effet, sont éminemment fluctuants, comme sont fluctuants les rythmes et les intensités de nos activités. Alors que les Etats socialistes ont été amenés à modifier à plusieurs reprises leur découpage administratif, les pays occidentaux se sont heurtés aux pires difficultés chaque fois qu'ils l'ont tenté, de sorte que les distorsions sont fréquentes et de plus en plus accusées.

        Confronter l'organisation officielle en régions avec les espaces réels de la vie régionale est un exercice intéressant de critique auquel se sont déjà livrés maints géographes. Mais peut-être peut-on aller plus loin. S'il était possible de préciser les conditions de formation des structures régionales, si l'on pouvait établir une typologie des régions fonctionnelles, connaître leurs stades d'évolution, la logique de leur organisation interne et de leurs dimensions, la recherche scientifique fondamentale serait en mesure d'offrir aux responsables de la politique d'aménagement du territoire un ou plusieurs schémas de référence susceptibles d'orienter leur action. C'est ce que l'E.R.A. 214 de Strasbourg s'est proposé de faire, dans le cadre de ses recherches sur la géographie générale des espaces régionaux. L'objectif essentiel de l'A.T.P. contractée est de voir si, dans le Vieux

Monde, le développement socio-économique conduisait à un modèle unique de région ou s'il existait, à égalité de stade de développement, plusieurs types de structure interne, plusieurs "gabarits" d'espaces régionaux.

Mais il importe avant tout de bien préciser ce que nous entendons par "région". C'est là une notion qui revient sans cesse sous la plume des géographes, souvent aussi sous celle des économistes, mais avec des sens différents. Pour l'économiste, la région tire son unité du pouvoir de décision qui, émanant d'une métropole où se concentrent les centres de décision de grandes banques et de grandes entreprises industrielles, suscite un réseau complexe de flux. Ceux-ci ne résultent pas seulement des déplacements de main d'oeuvre vers les usines et de chalands vers les points de vente, des transports de matières premières et de semi-produits, de la distribution des produits finis, mais plus encore des ordres transmis aux succursales et aux sous-traitants, des liens financiers interindustriels créateurs de cohésion et, en définitive, de la circulation des capitaux aboutissant à certaines grandes places où se traitent les principales affaires. A ce compte là il est difficile de ne pas concevoir la France entière comme une seule "région économique" centrée sur Paris, et l'Allemagne fédérale comme constituée par peut-être quatre "régions économiques" organisées par les métropoles financières que sont Francfort, Munich, Dusseldorf et Hambourg. Encore faut-il faire intervenir les grandes firmes dites "multinationales" qui sont souvent commandées de l'extérieur, et ajouter que les espaces ainsi créés sont "sans rivages" pour parler comme François Perroux, et qu'ils s'imbriquent et se chevauchent largement.

Cet espace partiellement délocalisé n'est pas celui des géographes. Aussi bien n'est-il perçu que par quelques initiés qui communiquent entre eux par télex et se déplacent en avion. Le géographe s'attache à l'espace concret, à celui de tout le monde. Or chacun de nous sent qu'entre le milieu local et le cadre national s'insère un échelon intermédiaire que l'on appelle communément la "région". C'est là une réalité vécue et sentie par tous, puisque la question : quelle région habitez-vous ? ne désarçonne personne, même si les réponses reçues dans une même contrée ne sont pas toujours identiques. Cette "région de tout le monde" appartient donc à la famille des cadres d'existence collective. Son unité ne vient pas d'un pouvoir de décision plus ou moins occulte ou lointain; elle ne vient pas non plus, d'ailleurs, de ce qu'il y a de plus "géographique" dans ce milieu local, c'est-à-dire de l'uniformité d'un paysage. Il s'agit au contraire d'un espace hétérogène, fait de villes et de campagnes, d'activités diverses mais souvent complémentaires, et dont les habitants éprouvent un sentiment d'appartenance à un certain territoire.

La cohésion de ce territoire résulte de son fonctionnement même, fait de rapports entre lieux de résidence et lieux de travail, entre services offerts et clients demandeurs, entre administrateurs et administrés. Il existe en fait une série de niveaux d'espaces fonctionnels (c'est-à-dire créés par leur fonctionnement même). Le plus bas est celui de la cellule rurale ou du quartier urbain ; le plus élevé celui de l'Etat ou du groupe d'Etats. Entre les deux nous considèrerons le niveau régional comme celui qui est le cadre à l'intérieur duquel sont distribués les services que l'on peut appeler "rares", c'est-à-dire ceux qui ne concernent qu'une partie de la population ou qui, lorsqu'ils s'adressent à tous, ne sont utilisés qu'à de rares occasions : ainsi des commerces de luxe ou très spécialisés, des grands hôpitaux, des services administratifs immédiatement inférieurs à ceux de la capitale d'Etat, certaines professions appartenant au domaine juridique ou financier, des enseignements supérieurs, des activités de loisirs culturels d'un niveau élevé, ou la présence d'un aéroport à relations multiples...

Comme ces services sont généralement concentrés dans une grande ville, on pourrait définir la région comme le territoire organisé par une grande ville distributrice des services rares. Mais il arrive qu'ils soient répartis entre plusieurs centres complémentaires ; et surtout leur bon fonctionnement suppose une infrastructure de moyens de transport, une organisation de centres-relais créateurs et distributeurs de services moins rares, et plus couramment fréquentés, organisant des sous-régions, toute une structure d'espaces emboités les uns dans les autres, tout un système de relations d'où résulte précisément le sentiment d'appartenance à un certain cadre d'existence. Nous proposons donc comme définition de la région : le cadre territorial le plus vaste à l'intérieur duquel s'effectuent la plupart des actes d'une population, à l'exception du recours occasionnel à certains services de la capitale d'Etat, de certaines relations professionnelles interrégionales, de certaines migrations de loisirs.

Partant de cette définition de la région, <u>l'idée générale de notre recherche est de savoir si la genèse, la structuration et les dimensions des espaces régionaux répondent à une certaine logique, à certaines normes</u> de superficie, de population, d'armature urbaine, <u>bref, s'il existe un ou plusieurs</u>

gabarits idéaux de territoire régional, propres à permettre au mieux l'épanouissement socio-économique. Par gabarit on entendra, avec Paul Robert, la "forme type déterminée d'avance", en considérant non seulement la dimension et la forme, mais encore la structure interne.

Or il apparaît d'emblée que la notion de région inclut obligatoirement un facteur dimension qui concerne aussi bien la population que la superficie. En effet il faut que ces services "rares" soient d'une part accessibles par l'ensemble de la population régionale dans un temps et avec un coût tolérables, et d'autre part "rentables", c'est-à-dire fréquentés par une clientèle dont l'importance en justifie la présence. D'autres facteurs viennent encore modifier les conditions de formation et d'évolution des espaces régionaux : l'importance inégale, les structures et le dynamisme de l'industrialisation, les changements dans l'attractivité des divers centres en fonction de leurs équipements et de leurs activités, la modification des limites administratives, la diversification des besoins de la population et les variations inégales de son pouvoir d'achat, etc... Mais à tout moment les deux facteurs qui jouent le rôle le plus décisif sont d'une part l'accessibilité au centre de services, qui s'exprime en temps maximum d'accès (seuil d'accessibilité), d'autre part la population minimale nécessaire pour en justifier la présence, qui constitue ce qu'on peut appeler le seuil de marché.

La valeur de ces seuils a considérablement varié au cours des temps. Le seuil d'accessibilité, même exprimé en temps, a changé avec l'image même du temps qui n'est plus la même pour "l'homme pressé" du XXe siècle que pour nos ancêtres. A fortiori s'est-il modifié dans sa valeur kilométrique à mesure que se perfectionnaient les moyens de circulation. Si, par hypothèse et pour simplifier, nous la fixons uniformément à 1 heure 30, le rayon maximum d'une capitale "régionale" était de l'ordre de 12 à 15 kilomètres à la fin de l'ère des transports hippomobiles (vers 1840), et peut-être de 40 à 50 kilomètres à l'époque de la plus grande extension du réseau ferroviaire (vers 1910), ce qui représente à peu près un de nos départements. Aujourd'hui, lorsqu'il existe un véritable réseau de voies routières rapides (autoroutes ou routes à quatre chaussées), ce rayon peut dépasser les 120 ou 130 kilomètres, soit 5 à 8 de nos départements si la capitale est centrale. Chaque progrès dans l'équipement du territoire en moyens de transport se traduit par un élargissement potentiel du rayon d'action des centres urbains et l'on peut ainsi déceler dans le développement des espaces régionaux des stades (pré-ferroviaire, ferroviaire, routier, autoroutier...). Pour une date donnée le même stade n'est d'ailleurs pas forcément atteint dans toutes les parties d'un même pays.

Mais ces progrès ne s'accompagnent pas obligatoirement de l'élargissement du cadre régional, car le seuil de marché lui aussi se modifie, en fonction du pouvoir d'achat de la population, de l'élargissement toujours plus grand de ses besoins, du contenu de la notion même de "rareté" des services. A l'époque des "Mémoires d'un touriste" (1837) Stendhal reconnaissait la grande ville à la présence d'un café capable de lui fournir de l'eau vraiment bouillante pour faire son thé... Il n'y a pas longtemps encore, des services comme ceux de l'institut de beauté, de l'expert comptable, de l'agence de voyages étaient relativement exceptionnels. Aujourd'hui les services du niveau supérieur sont à la fois plus étroitement spécialisés et plus coûteux, tant dans leur installation que dans leur utilisation. Autrement dit le seuil de marché s'est considérablement élevé.

Peu d'études ont été faites pour le chiffrer, mais l'expérience montre que la grande université, le centre hospitalier complet, l'aéroport à relations multiples, vivent difficilement s'ils ne rayonnent pas sur une population de l'ordre de 1,5 à 2 millions d'habitants. Admettons par hypothèse le dernier de ces chiffres. S'il s'agit d'un territoire de peuplement très faible (par exemple : 20 habitants au km2) il faudra 100 000 km2, soit plus de 16 de nos départements, pour trouver 2 millions de personnes ; c'est trop, même dans l'hypothèse d'un excellent réseau autoroutier qui d'ailleurs ne serait pas justifié avec une fréquentation aussi faible.

Il y a donc une certaine <u>densité minimale</u> au-dessous de laquelle une partie de la population risque de se sentir en état de frustration ou d'insatisfaction, parce que trop éloignée des services du niveau supérieur. En admettant un rayon d'action de 120 km, une clientèle de 2 millions de personnes et une position centrale de la capitale, cette densité minimale moyenne serait de 45 environ pour l'ensemble du territoire régional. Encore faudrait-il que la capitale soit commodément relayée par des centres secondaires organisant des sous-régions et distribuant tous les services moins exceptionnels pour lesquels le seuil d'accessibilité est plus bas. A l'inverse, s'il s'agit d'un territoire très dense, le seuil de marché sera atteint bien en deçà du rayon maximum d'accessibilité : ainsi pour une densité de 200 habitants au km2 on trouvera 2 millions de personnes dans 10 000 km2, soit moins de deux de nos départements. Encore faudra-t-il qu'il ne s'agisse pas d'une population essentiellement agricole qui, avec une densité aussi élevée ne pourrait être que misérable et hors d'état d'utiliser ces services chers. Donc le seuil de marché met en cause concurremment la densité et le pouvoir d'achat de la population régionale, c'est-à-dire en définitive le <u>degré d'industrialisation et d'urbanisation du territoire</u>.

Au total, le cadre régional n'est en aucune façon donné une fois pour toutes. Bien que la force des habitudes et la sclérose des divisions administratives la dotent d'une certaine inertie, la région n'est que la transcription spatiale momentanée d'un équilibre mobile, en constante réadaptation entre un ensemble de facteurs changeants. Néanmoins l'existence de certains seuils et de certains stades d'évolution de ces seuils doit permettre à l'analyse de l'espace de déboucher sur certaines dimensions et certaines structures spécifiques.

C'est en nous appuyant sur ces principes généraux que nous avons entrepris notre étude comparée des structures régionales. Notre champ d'observation a été limité à l'Europe occidentale, c'est-à-dire à un espace suffisamment homogène quant aux conditions historiques de son peuplement et de son développement socio-économique, mais néanmoins très divers par ses densités de population, ses activités motrices, son organisation politique et administrative. Et comme le problème de l'harmonisation des sources statistiques se complique chaque fois que l'on ajoute un Etat de plus, nous avons parfois borné nos comparaisons aux deux Etats les plus peuplés et les plus étendus, à savoir la France et l'Allemagne fédérale. Dans certaines phases du travail nous avons néanmoins élargi nos observations à d'autres pays voisins de la France : Benelux, Suisse, Italie, voire Espagne et Grande-Bretagne.

Notre démarche a revêtu trois formes pratiquées concurremment, mais que nous exposerons ici successivement :

1. Délimitation en Europe occidentale de <u>domaines homogènes</u>, caractérisés par la répétition habituelle des mêmes caractères de semis urbain, de densités humaines, d'activités dominantes, d'évolution démographique, d'infrastructure de circulation, l'hypothèse de départ étant qu'à chacun de ces domaines -et pour chacun de ses stades d'évolution- devrait correspondre un certain gabarit régional.

2. Application à ces espaces, d'une part des seuils d'accessibilité et de marché, pour voir à quels <u>gabarits théoriques</u> on aboutit, d'autre part

d'un <u>modèle gravitaire</u> appuyé sur la population des grandes villes et sur leur accessibilité établie au moyen de courbes isochrones.

      3. <u>Identification des espaces fonctionnels</u> réellement existants : confrontation avec les modèles théoriques et avec les régions administratives.

PREMIERE PARTIE

DELIMITATION DE DOMAINES HOMOGENES EN EUROPE OCCIDENTALE

Ses articulations physiques très menues, sa longue histoire, son morcellement politique, les inégalités régionales de son développement socio-économique ont fait de l'Europe occidentale une mosaïque d'espaces hétérogènes, et plus l'analyse se poursuit en profondeur, plus se multiplient les différences. Mais on s'attachera ici à généraliser au maximum, en négligeant mille nuances locales, pour chercher à découper le territoire européen en quelques grands ensembles aussi homogènes que possible par leurs caractères d'urbanisation, d'industrialisation, de répartition des hommes et des équipements structurants. Pour cela on est parti d'une série de cartes à petite échelle qui expriment le résultat de généralisations successives. Dans cette première démarche on a laissé de côté toute préoccupation relative à l'existence de "régions" au sens où nous l'entendons. C'est seulement lorsqu'on sera parvenu à délimiter ces domaines homogènes que l'on recherchera si les lois du développement des régions jouent différemment dans chacun d'eux et s'il existe des gabarits spécifiques de tel type d'espace.

1. LES SEMIS URBAINS

Il est normal d'examiner en premier lieu le fait urbain puisque là est le principe même de la régionalisation. La carte n° 1, limitée aux agglomérations de plus de 50 000 habitants, fait apparaître trois types très différents de répartition des villes.

1.1. **Présence d'une très grande ville isolée.** Les deux géants à rayonnement mondial que sont Londres et Paris n'ont pas leur équivalent dans le reste de l'Europe occidentale, et leur exceptionnelle attractivité fait qu'aucune grande ville n'a pu se développer dans leur voisinage. Il faut parcourir plus de 120 km à partir du centre de Paris pour trouver les premières villes de plus de 100 000 habitants ; bien que le bassin de Londres comporte quelques villes de cette dimension, ce n'est qu'au-delà de 150 km que se groupent les grandes cités industrielles des Midlands. Mais ces deux cas extrêmes ne sont pas les seuls. Il existe d'autres très grandes villes, généralement de plus d'un million d'habitants, qui apparaissent aussi relativement isolées, comme si elles avaient fait le vide autour d'elles : ainsi de Munich, de Vienne, de Madrid, de Rome, de Naples. Il s'agit, on le voit, de capitales ou d'anciennes capitales d'Etats. C'est un premier style que nous proposons d'appeler "parisien".

1.2. **Semis serré de villes de toutes tailles**. Des Midlands à l'Italie du Nord se déploie le semis urbain le plus dense du monde. Il est divisé en trois groupements, celui de l'Angleterre centrale, celui de la plaine du Pô et, entre les deux, la vaste aire que l'on peut appeler "rhénane" qui, du plateau suisse au Benelux, dessine un vaste triangle incurvé vers le nord-ouest ; elle mord sur le territoire français en englobant l'Alsace, la Lorraine septentrionale et la région du Nord. Ces villes sont de toutes les tailles à l'exception des plus grandes. Beaucoup ont de 300 000 à 700 000 habitants, mais aucune ville géante ne vient écraser les autres. Si l'on met à part la masse alpine, l'écart entre deux villes de 100 000 habitants et plus dépasse rarement 50 km, et dans cet intervalle se pressent les villes petites et moyennes. Nous proposons d'appeler "rhénan" ce type de répartition des villes.

1.3. **Semis lâche**. Dans le reste du territoire la distribution des villes dans l'espace est à peine moins dense, mais l'ensemble est plus étiolé, en ce sens qu'un nombre restreint de villes assez grandes (300 à 500 000 habitants, parfois jusqu'au million) est entouré de localités urbaines nettement plus modestes et souvent moins dynamiques. Dans la moitié occidentale de la France, par exemple, il est rare qu'il y ait plus d'une ou deux villes par département dont le taux de croissance soit élevé, et qu'il y ait plus d'une ville dépassant les 300 000 habitants pour 5 ou 6 départements ; l'écartement moyen des villes de plus de 100 000 habitants est de 100 à 150 km.

Ce type de semis caractérise les zones périphériques : façade atlantique des Iles britanniques, de la France et de l'Ibérie, Midis français et italien, franges orientales de l'Allemagne fédérale. En France de l'Ouest, en Ibérie, dans le Mezzogiorno, un petit nombre seulement de villes se détachent nettement en tête et l'on peut rapprocher cette disposition du type parisien, quoiqu'en beaucoup moins puissant. Mais parfois une hiérarchisation plus poussée des centres urbains s'observe, avec des métropoles atteignant le million d'habitants et un cortège de villes moyennes et grandes en pleine croissance ; c'est le cas de la France rhodanienne, de l'Ecosse, de la Catalogne, de la Toscane, des environs de Brême et de Hambourg. On se rapproche alors du type rhénan, mais avec la suprématie incontestée d'un petit nombre de très grandes villes (1).

_____
(1) On peut d'ailleurs se demander si la plaine du Pô, dominée par Milan, n'est pas à ranger dans ce groupe plutôt que dans le type franchement "rhénan".

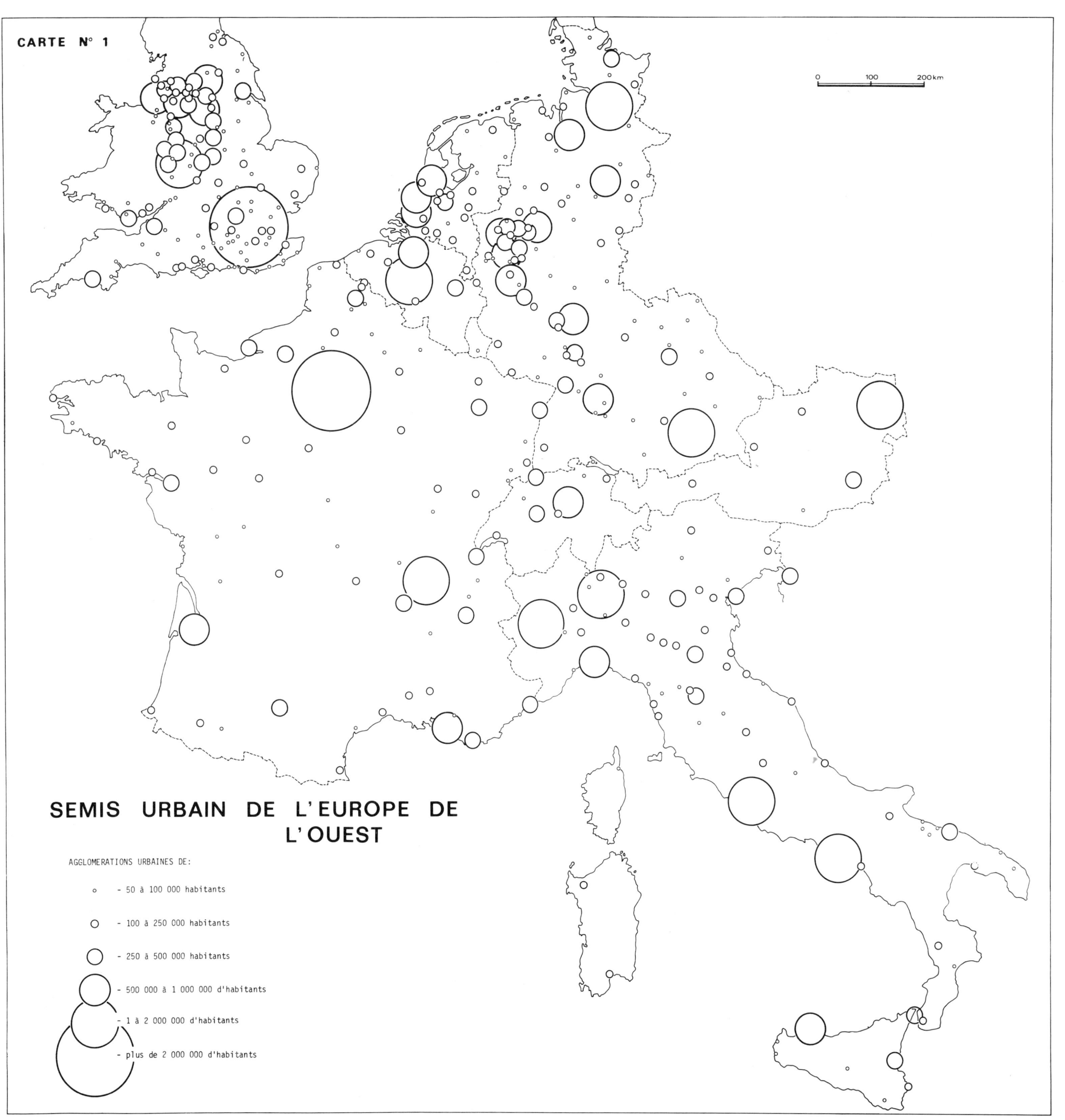

Nous retiendrons pour ce troisième type le qualificatif de "périphérique", en distinguant la variante "étiolée" et la variante "dynamique".

2. DENSITES DE POPULATION

L'examen des densités confirme cette typologie. A l'échelle des cartes générales de densité (celle d'I.B.F. Kormoss a été publiée au 1/4 000 000), les agglomérations urbaines ne dépassent pas quelques millimètres de diamètre ; aussi n'est-il pas question de faire apparaître leurs densités spécifiques qui sont de l'ordre de plusieurs milliers d'habitants au km2. La valeur la plus forte que l'on puisse cartographier avec quelque extension est 500 hab./km2 et plus. Elle inclut les villes, leur frange périurbaine et quelques bassins miniers fortement urbanisés, bien que médiocrement pourvus de vraies villes (exemple : le bassin franco-belge, ceux de Galles et de Northumberland, celui de Sarre, etc...). Mais les valeurs inférieures à 500 couvrent de loin la plus grande partie du territoire. Ce sont des densités rurales, et par conséquent une carte de ce genre vient compléter celle du semis urbain en montrant les relations entre ce dernier et la répartition de la population rurale.

Si l'on élimine les exceptions que constituent les bassins miniers ainsi qu'à l'opposé les grandes masses montagneuses, on voit apparaître les styles suivants (cf. carte n°2) :

a) Disposition auréolée autour d'une grande ville. Il est habituel que les plus grandes villes soient entourées de campagnes dont les densités diminuent à mesure qu'on s'en éloigne. Les auréoles sont rarement régulières ; le plus souvent elles présentent des digitations qui s'étirent le long des principaux axes de circulation rayonnant autour de la ville. Parfois la décroissance est très rapide : ainsi autour de Rome ; d'autre fois elle est plus progressive, comme autour de Paris, de Hambourg, de Munich. Avec des valeurs plus élevées, la même disposition s'observe autour de Londres, de même que, avec des valeurs plus faibles, on la retrouve autour de villes plus modestes telles que Brême, Lyon, Bordeaux, Toulouse.... On peut voir là la disposition des densités dans le cas d'une polarisation unique. Elle est d'autant plus nette que la ville est plus grande, plus attractive et plus isolée. Elle complète bien le type "parisien" de semis urbain.

b) <u>Persistance de fortes densités dans des campagnes entourant un semis urbain lui-même très dense</u>. Il est remarquable que l'Angleterre centrale, la majeure partie du Benelux et du bassin rhénan, de même que l'axe médian de la Basse Saxe et que la plaine du Pô accusent une allure soutenue de hautes densités rurales, presque toujours supérieures à 100 et souvent à 250. Les villes de plus de 50 000 habitants y sont nombreuses, mais plus encore les villes plus modestes ; les villages eux-mêmes, très peuplés, n'abritent plus qu'une minorité d'agriculteurs. On peut parler là d'urbanisation généralisée. Cette disposition accompagne le type "rhénan" de semis urbain.

c) <u>Vastes plages de densités généralement faibles ou qui, lorsqu'elles sont élevées, ne s'accompagnent pas d'un semis serré de villes</u>. C'est le cas de la plupart des aires périphériques, Pays de Galles et Cornouailles, moitié occidentale de la France et Est du Bassin Parisien, majeure partie de l'Ibérie, Italie du Centre, du Sud, Franconie, Sleswig-Holstein et reste de la Basse Saxe. Ces campagnes sont restées beaucoup plus agricoles (l'examen fait plus loin des activités dominantes le confirmera). Lorsqu'une certaine concentration des exploitations s'est produite, les densités sont tombées parfois très bas : moins de 25 en Champagne et en Basse Bourgogne, de 25 à 50 dans bien des parties de la France de l'Ouest de 50 à 100 en Bretagne, dans le Sleswig, les Abbruzzes... Parfois la population rurale est néanmoins très dense (plus de 100 voire de 250 au km2), comme dans diverses parties du Mezzogiorno italien, dans la Galice et le Portugal, et c'est alors un indice de sous-développement. Mais la signification réelle de ces densités s'éclairera en considérant les types d'activités dominantes.

3. LES ACTIVITES

Parallèlement à la définition des domaines géographiques qui reflètent des degrés plus ou moins forts de peuplement et d'urbanisation, on a cherché à dégager les ensembles territoriaux spécifiques que fait ressortir l'analyse des activités dominantes.(<u>cf. carte n° 3</u>)

En ventilant la population active selon les trois secteurs d'activité classiques, on différencie l'espace Ouest-européen en aires certes fortement schématisées, mais néanmoins significatives de la contribution économique globale qu'elles apportent à cet espace. Aussi est-il apparu nécessaire de compléter la répartition des pourcentages dominants par celle des concentrations majeures d'emploi exprimées en chiffres absolus.

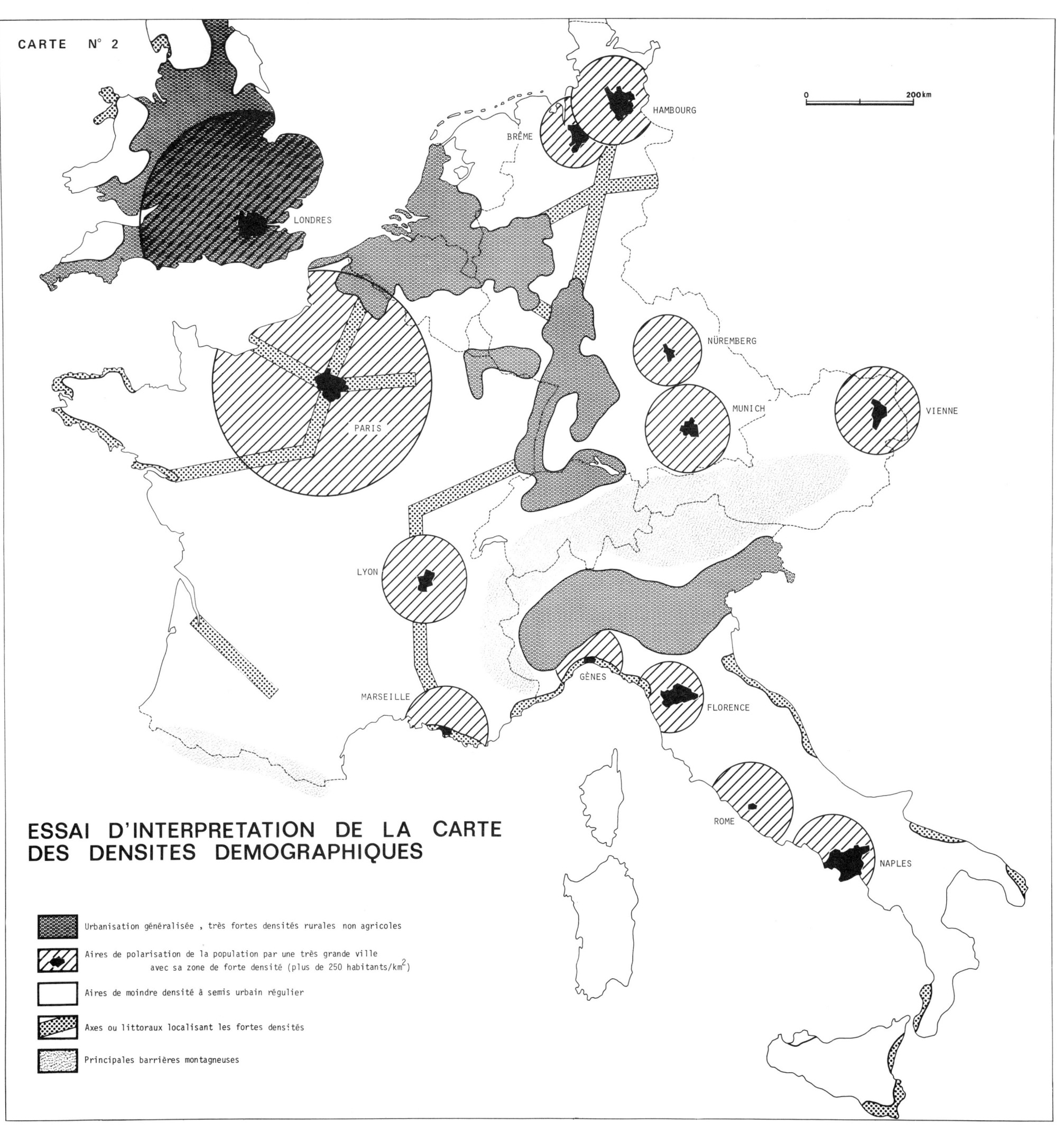

3.1. Dans la répartition générale, on retrouve une opposition fondamentale, maintes fois relevée, de part et d'autre d'une ligne Caen-Ravenne, entre une Europe industrielle et une Europe dans laquelle domine le secteur primaire. Considérons la distribution de l'emploi en 1950 et le seuil de 40 % d'actifs dans un même secteur, qui alors permettait de saisir quelques nuances intéressantes (1).

A cette date, la moitié Est de la France, le Benelux, la R.F.A., la Suisse et l'Italie du Nord constituent une entité majoritairement non agricole, avec prépondérance de l'activité industrielle, riche aussi de gros foyers tertiaires, lesquels sont bien souvent d'importants lieux d'industries. On notera néanmoins une frange comportant quelques enclaves où étaient dénombrés encore 40 à 50 % d'actifs agricoles, dont la part a sensiblement diminué depuis lors (E et SE de la RFA, N des Pays-Bas).

Au Sud de la ligne Caen-Ravenne, l'activité agricole l'emporte dans une aire de large extension, au sein de laquelle s'individualisent soit des aires à dominante industrielle de taille moyenne : régions de Lyon, Barcelone, Gênes, Toscane ; soit des foyers à dominante tertiaire tels que Madrid, Toulouse, Bordeaux, Rome ou Naples ; soit encore, au long des littoraux méditerranéens, les principales zones touristiques.

3.2. Mais ces premières observations, qui ne reposent que sur des pourcentages, doivent être complétées et affinées par l'examen des localisations des plus gros effectifs d'actifs non agricoles, soit dans l'industrie, soit dans les services. En dégageant les principales concentrations on individualise plusieurs types d'espaces :

a) Le bassin rhénan apparait marqué par les plus fortes et les plus denses concentrations de population active dépassant les 100 000 emplois industriels et même généralement les 150 000, voire les 300 000. La Ruhr et les régions rhéno-westphaliennes, avec des élargissements vers le Mittelland allemand d'une part, vers Aix la Chapelle et Liège d'autre part, constituent une première "grappe". Une seconde, (un chapelet, plutôt) va de la Hesse méridionale (Francfort) à la Suisse (Zurich, Bâle). La Randstad Holland, Anvers et Bruxelles forment d'autres groupements d'emplois industriels importants, cependant dépassés numériquement par l'emploi tertiaire - c'est aussi le cas à Dusseldorf. A Francfort comme à Zurich, voire dans la conurbation de Mannheim, les concentrations secondaires et tertiaires se superposent, avec une importance quasi égale. On notera enfin que les campagnes, très peuplées, y abritent une

---
(1) On a utilisé, pour la documentation, l'Atlas socio-économique de l'Europe publié à Francfort.

population essentiellement non agricole : il s'agit d'une **urbanisation généralisée**.

b) Se rapprochent -mais se distinguent aussi- du type rhénan <u>d'autres points forts industriels</u> disposés en pôles voisins et assez denses. L'Italie du Nord a aussi sa "grappe" de foyers industriels, mais seule Milan y ajoute l'ampleur de ses effectifs tertiaires - accessoirement Turin et Gênes-. Le Nord français et le Sud-Ouest belge, l'ensemble Lorraine du Nord-Sarre, les foyers britanniques du Sud-Galles, du Lancashire, du Yorkshire et des Midlands coïncident avec les régions d'industrie ancienne : extraction du charbon, métallurgie, textile.

c) <u>Quant aux très gros foyers urbains</u>, les uns sont de considérables concentrations à la fois d'activités secondaires et tertiaires : Londres, Paris, Vienne, Hambourg, moindrement Munich ; les autres accumulent surtout des emplois tertiaires (Madrid, Rome). Il est important de noter que de larges espaces de la zone d'influence de plusieurs de ces foyers majeurs sont peuplés par une population agricole dominante : Madrid, Rome, voire Paris.

d) Enfin on peut identifier des <u>aires périphériques</u> dans lesquelles l'activité agricole l'emporte : façade atlantique et Sud de la France, péninsules ibérique et italienne, à moins que le tertiaire n'y apparaisse dominant (Grande Bretagne non industrielle) du seul fait que les effectifs agricoles y sont réduits.

Dans ce vaste ensemble, les concentrations non agricoles se limitent à des cas spécifiques. Se distinguent d'abord la région lyonnaise, industrielle avec son foyer tertiaire central, la Catalogne, et moindrement la Toscane. Puis des foyers portuaires : Nantes, Bordeaux, Bilbao, Marseille, Naples qui doivent à leurs fonctions de grouper des industries et certains types d'emplois tertiaires. Mais ici les concentrations sont davantage liées à des activités tournées vers l'extérieur qu'à une symbiose avec leur région. Enfin, le tourisme signale certaines zones de la côte méditerranéenne. Dans cette variante rhodano-méditerranéenne du type périphérique, les localisations particulières que l'on vient d'énumérer sont les quelques endroits de développement économique plus poussé. Au contraire, lorsque se combinent fortes densités et agriculture dominante (NW de l'Ibérie, Mezzogiorno), le niveau de vie est évidemment très faible.

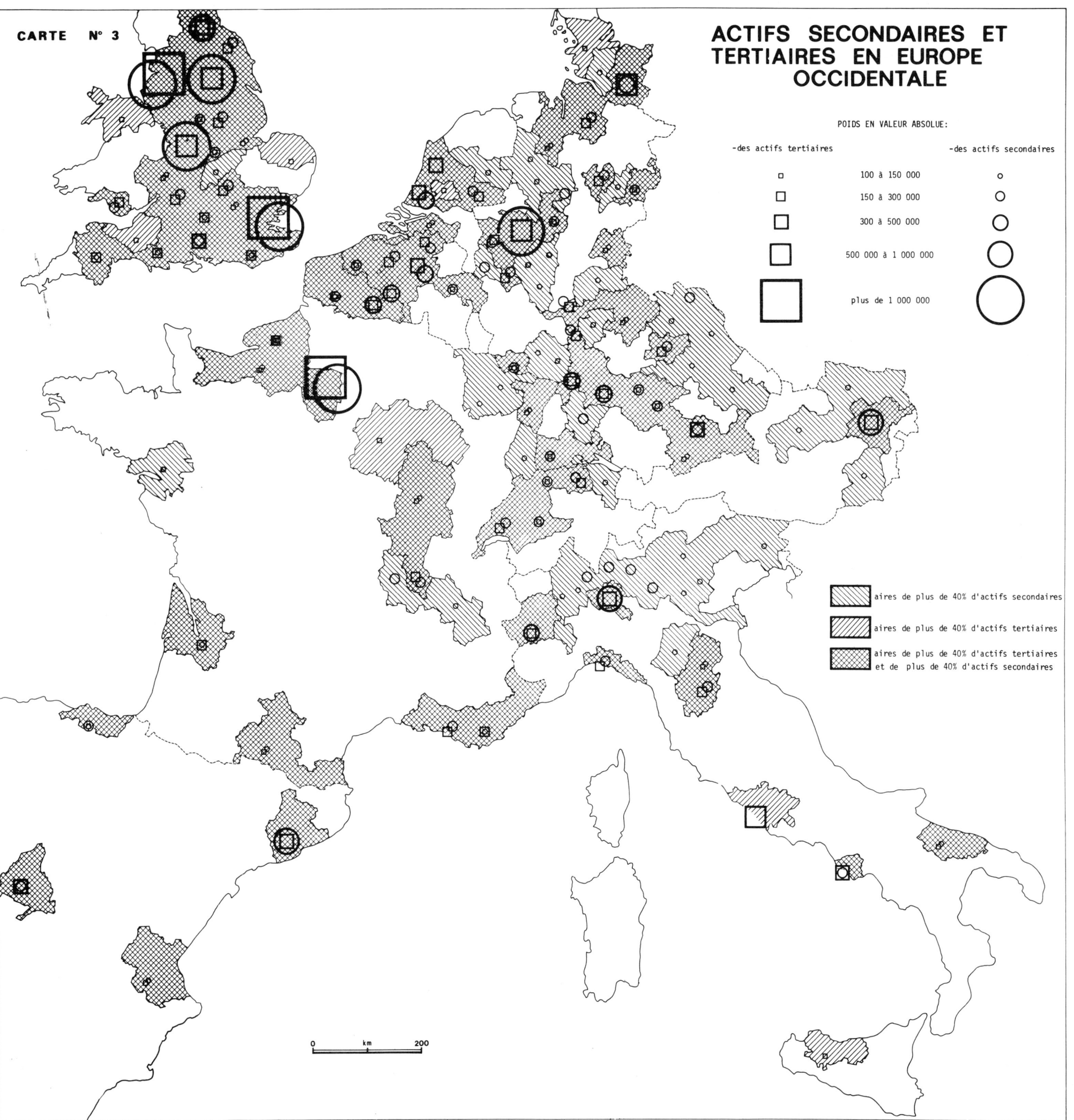

Tout compte fait, l'examen combiné des principaux foyers de concentration d'activités non agricoles et des espaces interstitiels permet de mesurer l'importance de structures socio-économiques spatialisées ; le rôle de la diffusion de l'industrie, en particulier, fondement du développement et ferment d'un dynamisme généralisé, oppose avec évidence l'axe fort de l'Europe occidentale aux contrées de l'Ouest français et aux péninsules méditerranéennes.

4. LES GRANDS TRAITS DE L'EVOLUTION DEMOGRAPHIQUE

4.1. Principes retenus pour leur représentation

L'évolution démographique, dans le dernier quart de siècle, enregistre le ralentissement du progrès général de la population dans les pays d'Europe occidentale, par rapport à la phase de reprise d'après-guerre. Mais cela ne signifie pas une répartition uniforme du phénomène. Dans les faits, certaines portions de l'espace ouest-européen ont continué de progresser en effectifs de manière sensible, constituant des aires où s'additionnent croissance naturelle et bilans positifs des mouvements migratoires. Plutôt que de reprendre une description souvent faite de l'évolution récente des populations européennes, il nous a semblé plus judicieux d'individualiser précisément ces "zones fortes" du peuplement et de mesurer le rôle de leur attractivité sur le plan migratoire. Ainsi se définissent des ensembles territoriaux dont le progrès démographique traduit un dynamisme supérieur aux autres contrées qui subissent leur attraction tout en les alimentant de leur "énergie naturelle" en hommes. (cf. carte n° 4)

La carte a été conçue dans le double but de délimiter les aires de très forte croissance (plus de 30 % d'accroissement entre 1950 et 1970) et d'examiner l'évolution des espaces qui leur sont contigus. Ces derniers, en effet, ne bénéficient pas forcément de "retombées" positives. On a retenu pour cela la valeur-seuil de 113 en 1970 par rapport à 100 en 1950, valeur empruntée comme la précédente à l'Atlas socio-économique des régions de l'Europe publié à Francfort. Au-dessous de + 13 %, on a estimé que les espaces concernés ne témoignaient ni d'un suffisant dynamisme propre, ni d'un effet d'entraînement par des pôles de croissance voisins. Cela permet d'esquisser une typologie de comportement.

4.2. Les types de répartition

Au cours de la période 1950-1970, les territoires qui ont connu dans leur population des progrès de plus de 30 % sont les suivants :
- la région parisienne et, moindrement marquée, celle de Toulouse ;
- l'espace rhénan, de la Ruhr au littoral et de Francfort à la Suisse du Nord ;
- les régions de Milan et de Turin, de Rome et de Naples ;
- l'ensemble rhodanien de Lyon à Marseille, auquel s'accole la région de Montpellier ;
- les littoraux de Provence, de Catalogne, du Levant et du pays basque en Espagne ;
- la région madrilène ;
- le Sud anglais (Midlands et Oxfordshire, littoral du Kent et du Sussex).

Il est clair que l'on retrouve là pour l'essentiel les régions de forte concentration industrielle précédemment étudiées.

Parmi celles qui ont un effet de croissance sur les espaces contigus figure en premier lieu l'espace rhénan, frangé au long de son extension et de part et d'autre par des aires dont les progrès sont compris entre 13 et 30 %. Cela intéresse ainsi le reste de la Belgique et des Pays-Bas, la Westphalie et le Palatinat, la Lorraine, l'Alsace et tout le reste de la Suisse. La période retenue souligne les progrès qui jusque vers 1960-65 ont marqué les grands bassins miniers et industriels (Ruhr, Sarre-Lorraine par ex.), masquant la récession qu'ils connaissent maintenant, et d'une manière plus générale tient compte du dynamisme acquis antérieurement par ces bassins -et cet axe dans son ensemble- à la façon d'une "rente de situation" qui leur est encore profitable. L'axe rhodanien, par suite de son encadrement montagneux, ne peut, lui, avoir le même effet d'entrainement, sinon dans la partie du "grand Delta" qui débouche sur le littoral méditerranéen.

Si l'on examine maintenant les phénomènes enregistrés autour des principaux foyers urbains, toute une gamme progressive de situations se trouve illustrée. Ainsi, autour de Madrid et de Rome, par exemple, les aires contiguës n'ont connu que des gains limités, comme si le progrès même du centre urbain avait freiné leur croissance démographique, par captage de leurs migrants, et absence de diffusion en périphérie des activités dynamiques. A un degré moindre ce phénomène se lit autour de Naples, de Milan et de Turin en Italie, pour

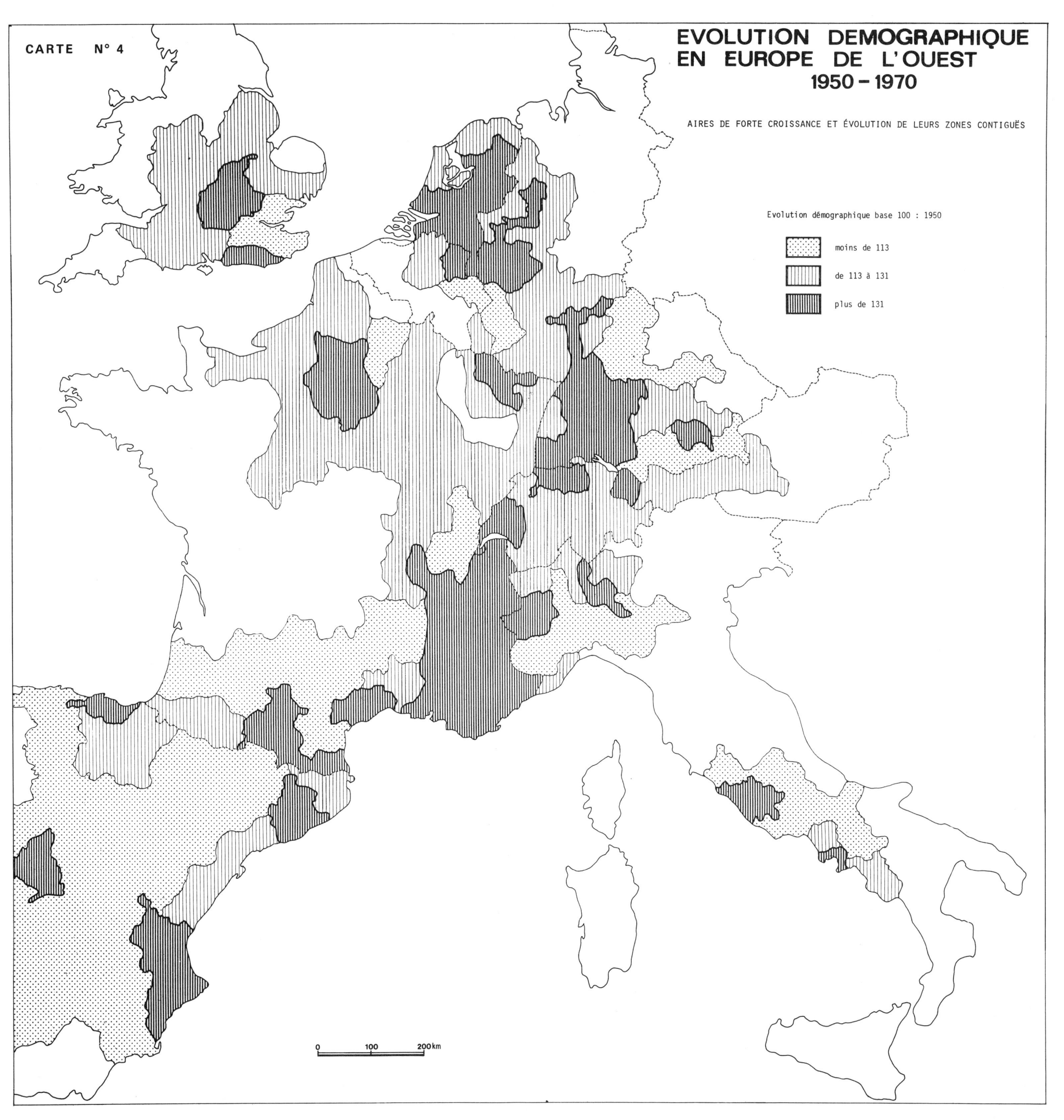

lesquels les retombées dans les aires voisines se limitent spatialement à une partie seulement de leur environnement, comme c'est le cas en France pour Toulouse et Montpellier. On perçoit encore un rayonnement incomplet pour la région munichoise. La région parisienne, elle, a dépassé le stade de stérilisation de son "désert" et diffuse désormais la relance démographique dans toutes les directions : Normandie, Picardie, Champagne, Bourgogne, Loire moyenne. Le cas de la région londonienne paraît illustrer un stade encore plus avancé du même type : saturé, le foyer stagne ou progresse peu, mais reste le pôle d'impulsion pour des zones périphériques qui croissent. Il n'est pas interdit d'envisager pour l'avenir une évolution de ce type pour un foyer parisien ralentissant ses progrès au bénéfice de ses "zones d'appui" et d'une manière plus générale de sa grande région, du moins si la croissance démographique française demeure sensible.

Les aires ou les pôles qui suscitent autour d'eux une croissance notable attestent que leur développement n'abolit pas les capacités de progrès démographique des zones contiguës. Plus inquiétantes sont les situations où l'on note la juxtaposition d'une croissance des pôles et d'une stérilisation de leur environnement.

5. LES EQUIPEMENTS DE TRANSPORT

Sous-tendant la vie économique et sociale, les équipements majeurs de circulation des marchandises et des hommes conduisent, une fois de plus, à distinguer en Europe occidentale plusieurs domaines inégalement pourvus ou dotés d'infrastructures inégalement agencées. En examinant les traits de répartition de telles données, on aborde déjà en fait partiellement les éléments d'explication des organisations régionales. Transparaissent déjà plusieurs aspects des structures spatiales dominantes (axes majeurs, maillages, etc...) et, en filigrane, les conditions d'accessibilité des centres pour la formation des espaces régionaux.

L'ensemble du territoire considéré a connu au début de ce siècle le développement maximal de son réseau ferroviaire. Par la suite, l'expansion de l'automobile s'est traduite par un perfectionnement du réseau routier traditionnel qui a permis le désenclavement des cantons les plus reculés. Aujourd'hui, les autoroutes connaissent un essor très inégal, auquel on ne saurait accorder trop d'attention. La somme de ces équipements caractérise, par la distribution, la qualité et la capacité de leurs infrastructures, des niveaux de développement socio-économique et des types de structures régionales. (cf. cartes n° 5 et 6)

Une partie des traits caractéristiques des trames de circulation s'explique bien entendu par la répartition ancienne des villes, ainsi que par la localisation de l'industrie du XIXe siècle et des ports. Des convergences, des axes ou des noeuds en sont pour une part hérités (cf. cartes du semis urbain et de la répartition des activités). Mais, tout autant, c'est l'équipement même en moyens de transports qui a pris le relais dans le développement économique et social. Aussi n'y a-t-il rien d'étonnant à ce que la carte des maillages de la circulation coïncide avec celles des aires de progrès démographique 1950-1970.

On y distingue, à grands traits, différents types d'espaces.

5.1. L'espace rhénan et sa continuation transalpine.

Il est sans conteste le mieux pourvu, tant en natures d'équipements (voie d'eau, rail, autoroutes) qu'en densité des tracés et en carrefours remarquablement noués. Il comporte une armature de voies navigables structurée par le tronc du "fleuve le plus chargé du monde" et des pénétrantes nombreuses formant des rameaux adjacents (Canal Albert, Meuse jusqu'en amont de Liège, Moselle jusqu'à Nancy, Mittelland-Kanal, Main, Neckar). La vallée du Rhin a aussi "canalisé" des voies ferrées à grand trafic et chacun des affluents en a guidé des rameaux. Mais le propre de l'espace rhénan est de présenter, en plus de l'axe principal, des noeuds ferroviaires bien plus complexes (Ruhr, carrefours au sein de véritables régions urbaines : Francfort-Wiesbaden, Mannheim-Ludwigshafen-Heidelberg, Cologne, Randstad-Holland). Un véritable réseau autoroutier lui donne enfin sa caractéristique contemporaine essentielle, dont il faut souligner l'allure maillée : chaque centre de plus de 100 000 habitants est relié désormais à chacun de ceux qui l'entourent dans les pays du Benelux, de la RFA presque entière, de l'Italie du Nord, et bientôt du plateau suisse- avec une faiblesse pour la partie française de cet espace "rhénan". Ce même type de maillage est déjà esquissé en Angleterre centrale.

L'examen des réalisations récentes, tant en voies navigables que dans le domaine autoroutier, montre l'élargissement en cours de cet espace sur lequel se greffent maintenant les secteurs de Lille-Dunkerque, de Sarrebrück-Metz, de Bavière, de Basse Saxe et de Palatinat qui offrent dans leurs équipements, notamment autoroutiers, une structure voisine, encore qu'imparfaitement achevée.

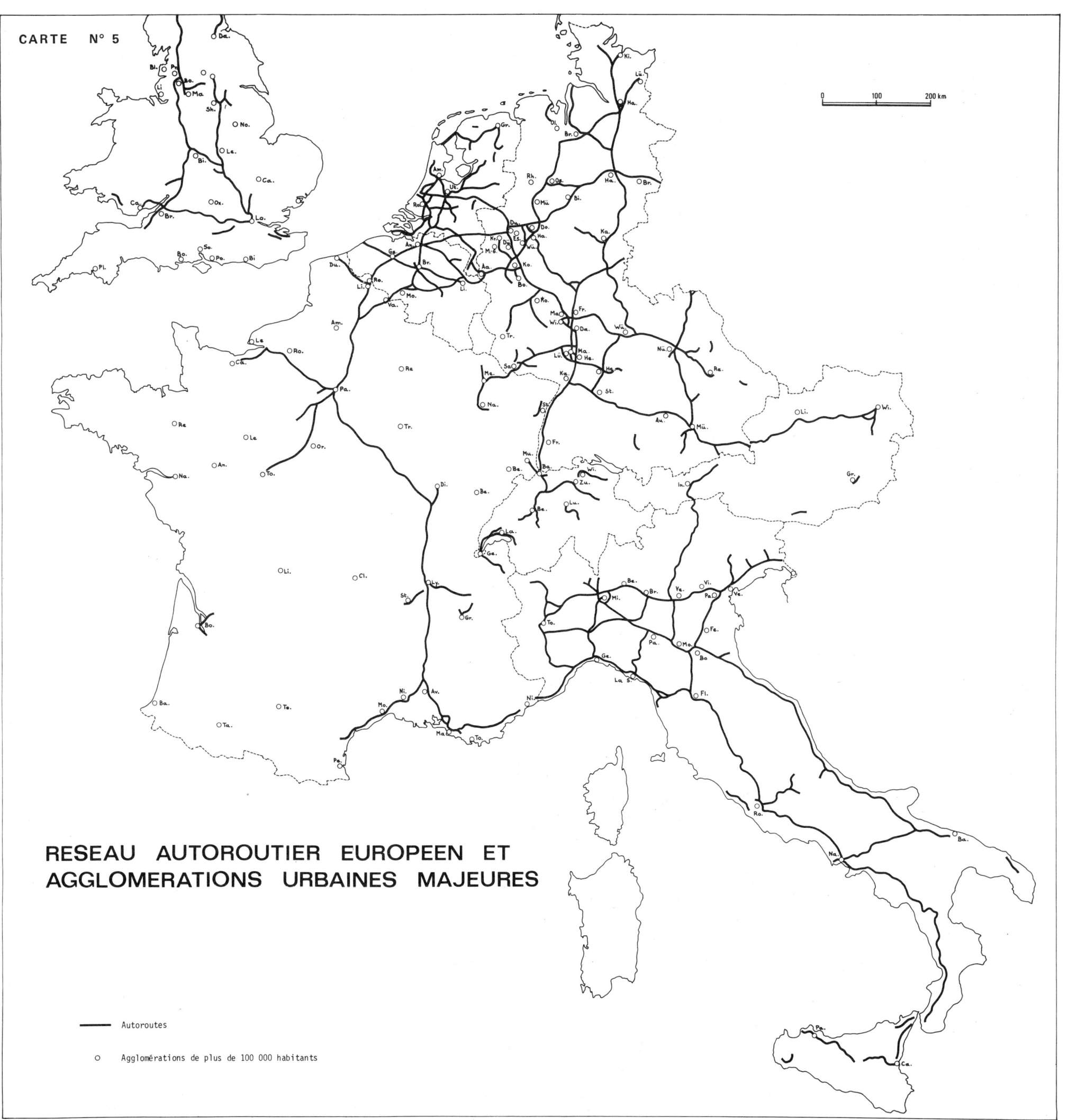

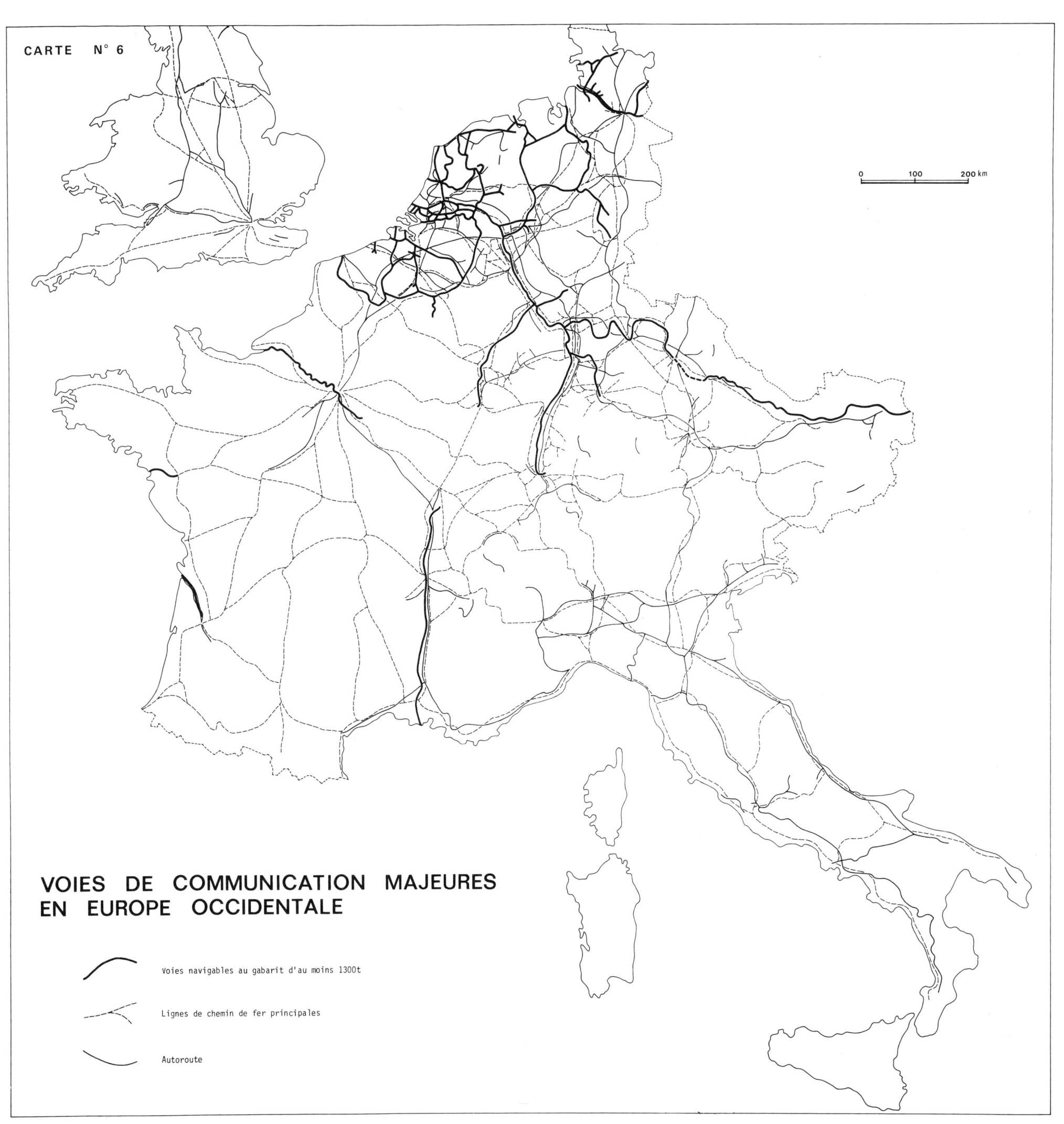

5.2. Par contre, la prédominance <u>des aspects de convergence sur un pôle unique</u>, caractérise le <u>second type</u> : <u>celui des grandes capitales</u>. Les équipements assurent à la fois une très bonne accessibilité à ces centres majeurs, tout en ayant à supporter, faute d'interconnexions transversales, une circulation de grand transit. Ici point de maillage régional. C'est le cas autour <u>de Paris, de Vienne</u>, et à une autre échelle, de <u>Lyon.</u> L'exceptionnelle convergence parisienne est bien connue. Elle marque même fortement la nature et la fonction des axes qui lui sont subordonnées et qui ainsi diffèrent sensiblement du système rhénan. Dans l'équipement rhodanien, le rail et surtout l'autoroute sont autant des radiales de Paris et des voies de transit que des infrastructures d'intérêt régional. Si l'aire du "Grand Delta" est en train de naître, articulée autour des pôles lyonnais et marseillais, elle est en réalité intégrée dans une politique nationale d'aménagement comme dans les stratégies des firmes extra-régionales. La Basse Seine, pour sa part, a encore moins d'autonomie. C'est pour l'essentiel le poumon de Paris. <u>Londres et Munich</u>, offrent, à leur tour, des exemples de réseaux fortement centrés, mais en plus évolué, la localisation n'excluant pas l'amorce d'un maillage subordonné. Au contraire, dans le cadre espagnol, <u>Madrid</u> exerce une prééminence qui reflète clairement la convergence très marquée des grands axes routiers et autoroutiers comme des lignes ferroviaires majeures.

5.3. <u>Maillages lâches et réseaux embryonnaires</u> sont les traits dominants du reste de l'espace ouest européen. En <u>Italie péninsulaire</u>, les tracés du rail et des autoroutes donnent encore l'impression d'un maillage ; mais l'écartement des éléments de son réseau empêche de considérer que sur ce tissu s'établissent de véritables organisations régionales. Le transit touristique y a certainement tout autant d'importance que les liaisons de caractère régional, si ce n'est autour de Rome ou de Naples. La faiblesse économique du Mezzogiorno renforce cette interprétation. Les ports eux-mêmes ne constituent qu'un semis espacé de points forts.

Dans <u>la moitié Ouest de la France</u>, on note les mêmes faiblesses en pôles de nature urbaine ou portuaire organisateurs d'un réseau dense d'équipements. On relève de même la quasi absence d'autoroutes à vocation régionale (il n'y existe qu'une "Languedocienne" à vocation touristique et de transit, et des artères de dégagement des principales villes).

Ainsi le stade "autoroutier" qui autorise des seuils d'accessibilité très supérieurs au stade simplement ferroviaire et routier n'est atteint que dans les territoires appartenant à notre type "rhénan". Les aires de type "parisien" se signalent par une disposition qui exprime une forte polarisation et tend à la renforcer encore. On peut même, dans le cas français observer que les réalisation contemporaines ont abouti à composer par tronçons successifs un "axe fort" allant de la Basse Seine ou du Nord à la Méditerranée, avec Paris comme impulsion et passage obligé. Comment dans ces conditions rééquilibrer le territoire national ? Cela laisse en tous cas tout l'Ouest dans la situation de faiblesse que nos autres indices d'analyse ont déjà démontrée. D'une manière générale, les aires périphériques n'ont pas encore atteint le stade autoroutier sauf en Allemagne et en Italie qui, pour des raisons diverses qu'il est inutile de rappeler ici, ont été les premières à construire des autoroutes.

6. CONCLUSION

On peut maintenant tenter une synthèse des éléments analysés jusqu'ici. Il apparaît que les aires homogènes dessinées par la répartition des activités dominantes, des densités, des semis de villes, du dynamisme démographique et des infrastructures de transport se superposent assez exactement l'une à l'autre, déterminant une sorte de mosaïque dont chaque pièce présente la répétition habituelle des mêmes caractères. Mais -et c'est là une constatation essentielle- les différences qui individualisent une de ces aires par rapport aux autres résultent de deux ordres de causes :

6.1. <u>Parfois il s'agit d'un stade moins avancé dans le développement économique et social.</u> La présence d'un fort pourcentage d'actifs agricoles en est l'indice le plus significatif. Il caractérise une large bande de territoire à l'ouest et au sud de l'Europe (Irlande, Cornouailles, France occidentale, Ibérie, Italie du centre et du Sud), de même qu'une bande étroite sur les marges orientales de la R.F.A. et que le Massif schisteux rhénan. D'autres caractères, à la fois cause et effet de cette prédominance agricole, attestent le retard de développement : la faiblesse de l'industrialisation, l'inachèvement d'un réseau urbain insuffisamment hiérarchisé, l'archaïsme des infrastructures de circulation qui ne permet pas à certaines capitales d'élargir leur zone d'influence.

C'est ainsi que dans les territoires qui comptaient en 1950 plus de 40 % d'actifs agricoles on ne dénombre que 30 villes de 100 000 à 500 000 habitants, aucune ne dépassant ce dernier chiffre ; alors que dans les espaces plus "forts", pour une superficie sensiblement égale, on trouve 120 villes de 100 à 500 000 habitants, plus 23 se tenant entre 500 000 et un million d'habitants et 9 dépassant le million.

Qu'il s'agit là d'un stade dans une évolution est attesté par les progrès enregistrés entre 1950 et 1970 dans l'ouest du Bassin parisien, autour de Lyon, dans les Pyrénées occidentales, le sud de la plaine padane, les vallées alpines, l'est de la R.F.A. On peut les mesurer en considérant les produits intérieurs bruts régionaux par habitant (1). Par exemple ceux du Palatinat, du Schleswig-Holstein, d'une partie de la Basse-Saxe, en retard de 20 à 30 % sur la moyenne nationale, rejoignent ou dépassent la moyenne communautaire en 1969 ; en France de l'Ouest, les densités moins élevées, les effets de la décentralisation et des investissements parisiens, ajoutés à ceux du tourisme, placent les "espaces faibles" français à 71-80 % du P.I.B. national et à 80-100 % de la moyenne CEE. En revanche en Italie du Sud la primauté agricole et les fortes densités expliquent qu'en 1960 les P.I.B. se situent très bas : 42 à 70 % de la moyenne nationale, qui est elle-même à 61-64 % de la moyenne CEE ; mais des gains de 4 à 15 % ont été enregistrés entre 1960 et 1969. Bref, l'étude des stades révèle les effets de retards susceptibles, à terme, de s'atténuer.

6.2. Mais, à stade égal de développement, <u>d'autres dissemblances attestent que l'on a affaire à des espaces de nature différente</u>. C'est donc sur ce concept de <u>nature</u> d'espace que doivent s'opérer les distinctions fondamentales, car elles commandent les processus d'organisation de l'espace. On a retenu ici trois types fondamentaux marqués respectivement par :

a) <u>La présence d'une très grande ville</u>, millionnaire ou multimillionnaire, capitale héritée d'un long passé. Douée d'une attractivité exceptionnelle, elle entraîne une disposition fortement polarisée tant des voies d'accès que des densités de population. Cette présence n'exclut pas l'existence de stades de développement : il y a d'abord stérilisation de la zone d'influence, qui reste fortement agricole, dépourvue de grande ville, peu industrialisée (c'est le cas pour la région madrilène actuelle ; c'était vrai encore du Paris d'avant-guerre) ; puis une politique de desserrement de l'industrie revivifie certains

_____
(1) Les calculs effectués ne sont pas exempts de réserves, formulées par les statiticiens de la CEE eux-mêmes. Néanmoins ils ont une valeur indicative non négligeable (voir Commission des Communautés européennes : Rapport sur les problèmes régionaux dans la Communauté élargie, mai 1973).

centres, qui demeurent dépendants, mais croissent à nouveau (cas du bassin parisien aujourd'hui) ; enfin une décentralisation généralisée permet à une vaste zone périphérique de connaître un développement industriel et démographique supérieur à celui de la métropole qui tend à se dépeupler (cas du bassin de Londres).

b) <u>Un développement industriel extrêmement poussé</u>, associé parfois à un bassin minier, mais plus encore à de grandes concentrations portuaires et à de grands axes de circulation. Il s'observe en Angleterre centrale, en Italie du Nord et mieux encore dans l'aire rhénane décrite ci-dessus. Il en résulte un semis urbain extrêmement serré mais dépourvu ou presque de villes millionnaires, des densités rurales très élevées accompagnées de très faibles pourcentages agricoles, l'industrie étant largement répandue dans les campagnes, enfin un réseau autoroutier fortement développé et interconnecté. Il est difficile ici de préciser des "stades", car le développement a été graduel et généralisé. Néanmoins il est certain que l'établissement d'un maillage autoroutier a permis le passage d'un chapelet de foyers dynamiques à un territoire tout entier associé au développement.

c) <u>Une situation périphérique</u> (atlantique, méditerranéenne ou orientale) moins favorable à l'industrialisation, ne serait-ce que du fait de l'éloignement des grands centres de consommation. Certes d'autres atouts sont susceptibles de jouer : climat, relief, littoraux peuvent apporter des avantages dans les domaines agricoles et touristiques. Mais les possibilités de développement s'y révèlent limitées à la présence d'axes importants (Rhône, Elbe) ou de grands ports (Barcelone, Marseille, Hambourg, Brême). Ailleurs l'organisation spatiale est déficiente, rendue difficile par la surcharge en hommes dans des structures agraires désuètes (Mezzogiorno) ou au contraire par de trop faibles densités (Aquitaine). Quoi qu'il en soit, la faiblesse ou l'absence de progrès démographique entre 1950 et 1970 y révèle bien l'insuffisance des facteurs d'entraînement.

Ici encore il résulte de cette nature différente de l'espace un déroulement spécifique des "stades" du développement. Ce dernier ne suppose pas toujours la croissance démographique, puisqu'il y a parfois surpeuplement ; il ne peut avoir pour objectif d'égaler en poids économique les régions les plus avancées ; il se traduit plutôt par la recherche d'une égalisation des niveaux de vie, grâce au progrès d'activités spécialisées : agriculture de

CARTE N° 7

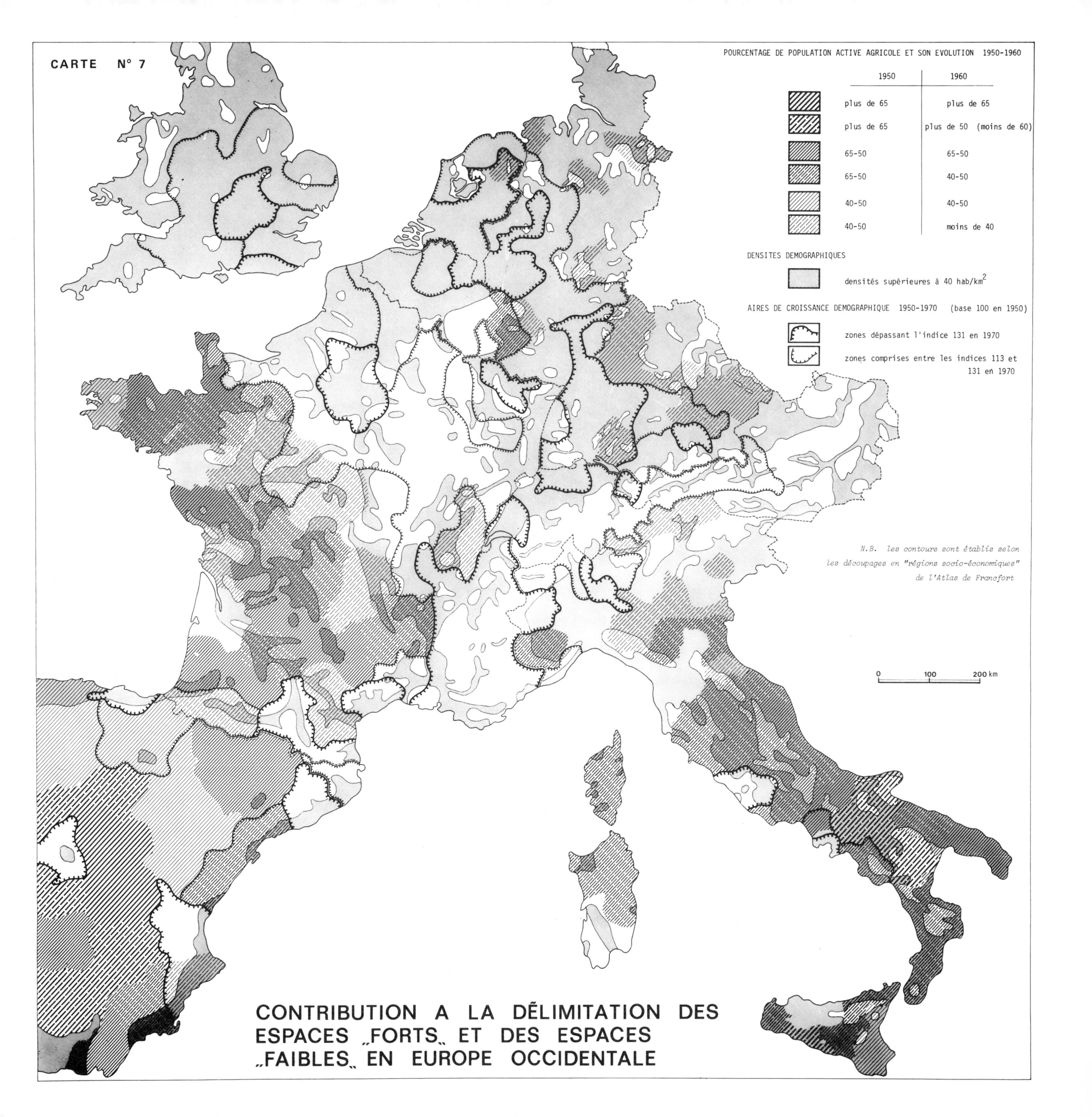

CONTRIBUTION A LA DÉLIMITATION DES ESPACES "FORTS" ET DES ESPACES "FAIBLES" EN EUROPE OCCIDENTALE

POURCENTAGE DE POPULATION ACTIVE AGRICOLE ET SON EVOLUTION 1950-1960

	1950	1960
	plus de 65	plus de 65
	plus de 65	plus de 50 (moins de 60)
	65-50	65-50
	65-50	40-50
	40-50	40-50
	40-50	moins de 40

DENSITES DEMOGRAPHIQUES

densités supérieures à 40 hab/km²

AIRES DE CROISSANCE DEMOGRAPHIQUE 1950-1970 (base 100 en 1950)

zones dépassant l'indice 131 en 1970

zones comprises entre les indices 113 et 131 en 1970

N.B. les contours sont établis selon les découpages en "régions socio-économiques" de l'Atlas de Francfort

DOMAINES HOMOGENES en Europe occidentale

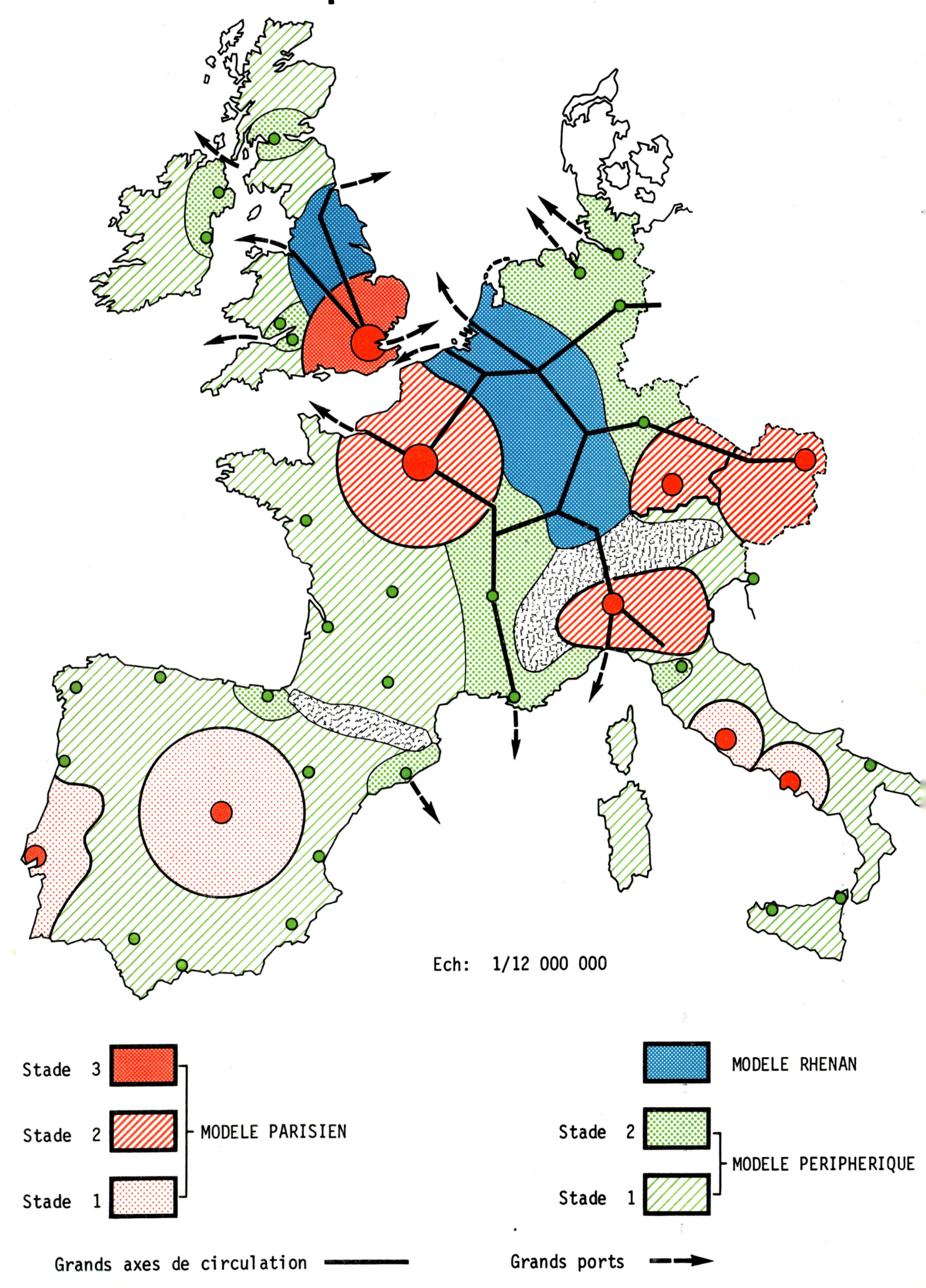

Ech: 1/12 000 000

MODELE PARISIEN
- Stade 3
- Stade 2
- Stade 1

MODELE RHENAN

MODELE PERIPHERIQUE
- Stade 2
- Stade 1

Grands axes de circulation ———

Grands ports – – ▸

pointe, tourisme, industries portuaires, industries de haute technicité, etc..., ce qui permet un perfectionnement des infrastructures de circulation et une hiérarchisation urbaine plus poussée.

Bref, trois "natures d'espaces" coexistent en Europe occidentale, chacune d'elles couvrant de grandes aires plus ou moins discontinues (voir carte n° 7). Pour simplifier nous baptiserons respectivement ces types d'espaces "parisien", "rhénan", "périphérique". Mais on vient de voir que l'état actuel des espaces de type "parisien" accuse une évolution inégalement avancée dont trois stades sont illustrés aujourd'hui par les cas de Madrid, de Paris et de Londres ; et que les espaces périphériques présentent aussi des stades très inégaux de développement, puisqu'on y trouve aussi bien les campagnes les plus retardataires que des foyers portuaires ultra-modernes.

C'est en nous appuyant sur cette distinction entre stades de développement et natures d'espaces que nous allons maintenant rechercher quels gabarits de régions fonctionnelles correspondent respectivement à chaque type.

DEUXIEME PARTIE

APPROCHE THEORIQUE DE LA STRUCTURE REGIONALE

Les domaines homogènes délimités dans la première partie ne sont pas des "régions", sauf le cas d'une aire entièrement dominée par une très grande ville (exemple : le bassin parisien). Le plupart du temps chaque aire d'extension d'une certaine "nature d'espace" est divisée en plusieurs régions. Maintenant que nous avons cerné ces aires homogènes, il est possible d'aborder le problème central de notre recherche : les régions diffèrent-elles de l'une à l'autre, dans leurs dimensions et leur structure interne ? autrement dit : existe-t-il pour chaque type d'espace un gabarit spécifique de région ?

Nous commencerons -et ce sera l'objet de notre deuxième partie- par une approche de caractère théorique. Partant de quelques éléments concrets -les caractères généraux de chaque type d'espace, les seuils d'accessibilité et de marché, la population des centres et l'allure des courbes isochrones qui les cernent- nous allons construire, d'une part les gabarits théoriques qui devraient logiquement accompagner chaque type d'espace, d'autre part les aires d'attraction des principales villes en appliquant un modèle gravitaire simple. Il restera, dans notre troisième partie, à confronter les résultats obtenus avec la réalité de l'espace fonctionnel.

1. ETABLISSEMENT DES GABARITS THEORIQUES

Nous partons des trois types d'espaces définis ci-dessus -parisien, rhénan, périphérique- et nous recherchons quels cadres régionaux d'existence collective devraient logiquement y être créés si l'on voulait satisfaire aux exigences socio-économiques exprimées par les seuils d'accessibilité et de marché définis ci-dessus page 6. Bien entendu il faudra tenir compte à la fois du type d'espace et du stade d'évolution auquel il est parvenu, en se référant à la conclusion de la première partie.

1.1. Type parisien

Il s'agit, on l'a vu, d'espaces dominés par une très grande ville, toujours supérieure au million d'habitants, le plus souvent multimillionnaire, généralement capitale ou ancienne capitale d'Etat. Etant donné son exceptionnelle attractivité, la clientèle des services offerts par cette métropole acceptera de dépenser plus de temps pour y accéder que s'il s'agissait d'un centre moins important. Le seuil d'accessibilité que nous avions fixé à 1 heure 30 pour la moyenne des chefs-lieux de région peut ici être porté à 2 heures. Aussi bien ces métropoles voient-elles normalement converger vers elles un nombre exceptionnellement élevé de voies d'accès. Mais il importe de tenir compte du degré de perfectionnement de ces artères. S'il s'agit de voies ferrées ordinaires parcourues par des express ne dépassant pas les 80-90 km/h de moyenne commerciale et d'un réseau routier classique, où les vitesses moyennes sont de 60 à 70 km/h, le rayon d'action maximum, en deux heures, sera environ de 100 à 130 km (compte tenu des pertes de temps pour gagner les gares ou pour parvenir en voiture jusqu'au coeur de la ville). En revanche si la capitale est desservie par plusieurs voies ferrées à grande vitesse avec desserte cadencée, ou par une véritable étoile autoroutière, ce rayon pourra atteindre 150 à 200 km, et même plus sur certains axes.

Le seuil de marché (population minimale de la région) est presque obligatoirement atteint, puisque la capitale à elle seule groupe une population qui, le plus souvent, dépasse les 2 millions requis pour justifier la présence des services les plus rares. Mais la structure interne du territoire régional variera beaucoup en fonction de la densité et du pouvoir d'achat de la population habitant la zone d'influence. De même que pour l'accessibilité, nous devons donc distinguer ici des stades d'évolution :

a) Dans un premier stade la croissance rapide de la capitale fait le vide autour d'elle, en appauvrissant les centres périphériques, privés de leur clientèle, et en attirant à elle toutes les activités motrices, notamment l'industrie. Il en résulte dans la zone d'influence un peuplement encore très agricole (plus de 40 % de la population active) et une armature urbaine faible : aucune ville de plus de 100 000 habitants n'est présente dans le rayon d'accessibilité de 100 à 130 km ; quelques villes de 50 à 80 000 habitants existent dans ce rayon, mais leur croissance est lente ; le reste de la zone d'influence se dépeuple.

b) A un stade plus avancé (stade 2), grâce au perfectionnement des voies de desserte (turbotrains vers les principales villes, premières autoroutes) un certain report sur la périphérie d'une croissance industrielle qui se poursuit est devenu possible. Au sein d'une zone d'influence élargie, une couronne de grandes villes (100 à 200 000 habitants) à croissance rapide se développe, à environ 150 à 200 km de la capitale, parfois plus loin encore sur les princi-

Figure 1
GABARITS REGIONAUX en Europe occidentale

3 STADES D'UNE REGION DE TYPE PARISIEN

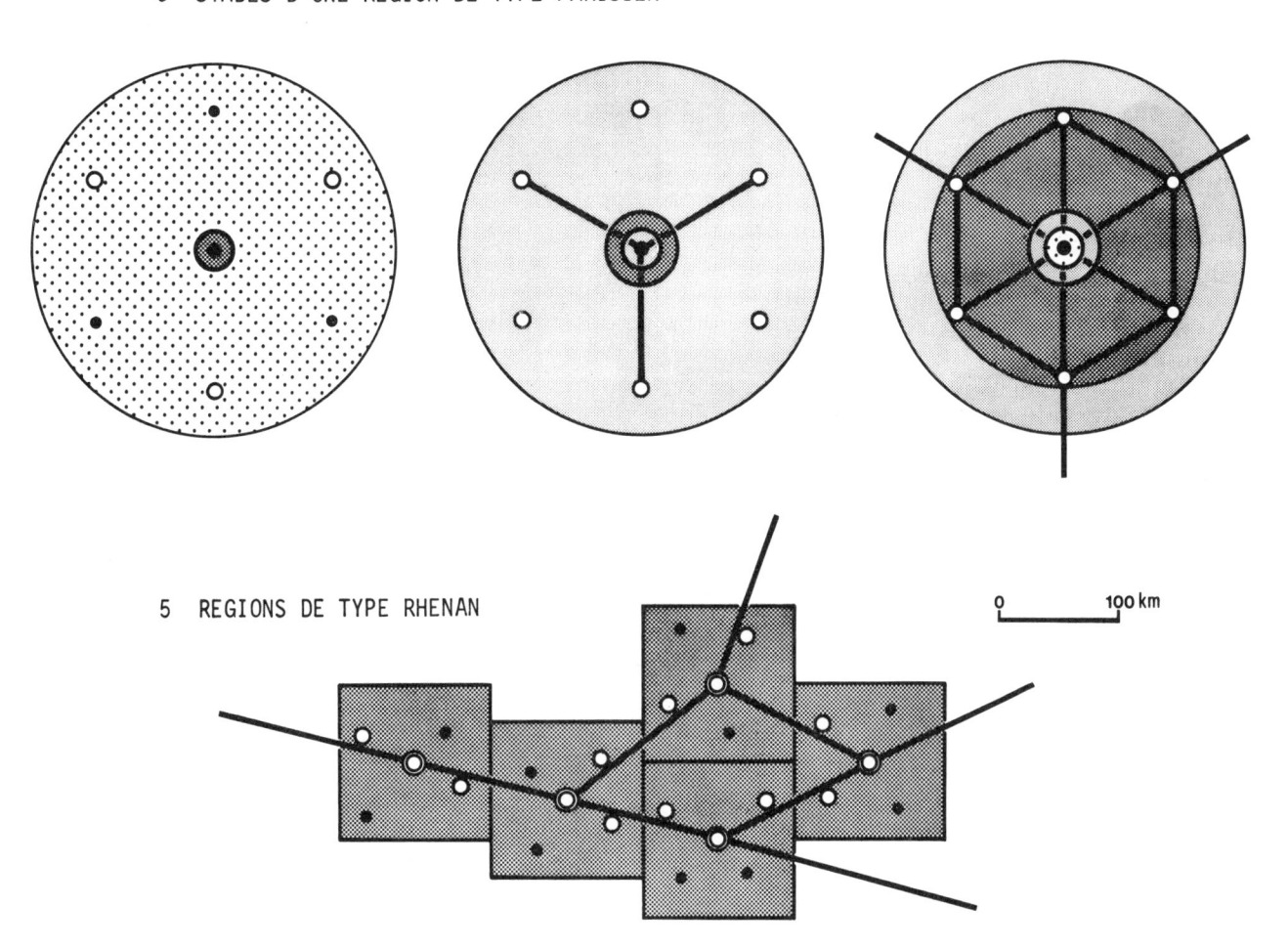

5 REGIONS DE TYPE RHENAN

0   100 km

2 STADES D'UNE REGION DE TYPE PERIPHERIQUE

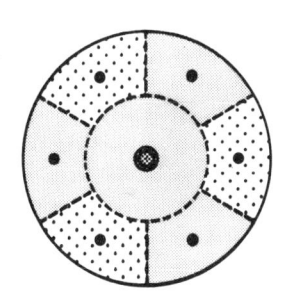

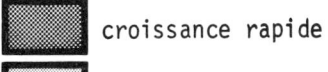

- croissance rapide
- croissance lente
- décroissance
- —— autoroute

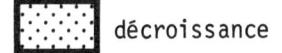

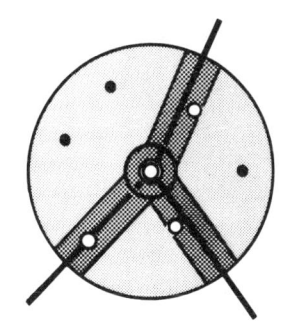

- ⊙ villes de plus de 1 million d'habitants
- ◎ villes de 0,5 à 1 million d'habitants
- ○ villes de 100 000 à 500 000 habitants
- • villes de 50 000 à 100 000 habitants

paux axes. Avant d'être ainsi incorporées à un vaste organisme, ces villes commandaient des "régions" ; celles-ci étaient évidemment trop petites pour pouvoir offrir à leurs habitants la gamme complète des services rares ; désormais elles s'emboîtent dans la grande région moderne en constituant des sous-régions. A ce stade le territoire régional peut comporter certains "secteurs" (au sens euclidien du terme) plus avancés que d'autres, parce que parcourus par un grand axe de circulation modernisé : dans ce cas la croissance démographique et économique n'affecte pas seulement les grandes villes de la périphérie, mais la totalité du "secteur", en y associant les villes de toute taille et les campagnes.

c) Enfin si l'ensemble du territoire régional est très bien desservi (stade 3), il participera tout entier à cette croissance généralisée, l'implantation des activités secondaires et même d'une partie du tertiaire à la périphérie d'une capitale engorgée devenant la solution la plus avantageuse. A ce stade la métropole perd de la population, de même que sa proche banlieue, les accroissements se reportant sur l'ensemble de la zone d'influence.

Mais de toute façon, quel que soit le stade considéré, la région constituée autour de cette très grande ville ne pourra être que très étendue, car dans le rayon correspondant au seuil d'accessibilité aucune autre ville n'est en situation de pouvoir concurrencer victorieusement sa puissante voisine pour constituer autour d'elle sa propre région. Un rayon de 130 km donnerait 53 000 km2 (soit environ 8 départements français) et un rayon de 200 km donnerait 125 000 km2 (soit environ 20 départements français), dans l'hypothèse où l'espace régional pourrait se développer librement autour d'une capitale centrale.

1.2. Type rhénan

Ici une industrialisation puissante et largement desserrée a entraîné des densités élevées, un fort pouvoir d'achat et une infrastructure ferroviaire et routière très développée. Et comme aucune ville géante ne vient éclipser les grandes villes qui, nombreuses, parsèment cet espace, chacune de ces dernières aura tendance à organiser autour d'elle une région au plein sens du terme. Encore faudra-t-il qu'elle trouve une clientèle suffisante. On a vu ci-dessus que les densités de ces territoires étaient généralement supérieures à 100 et souvent à 200. Si nous prenons une densité moyenne de 150, on trouve 2 millions d'habitants dans un territoire de 13 000 km2, soit environ 2 départements français et un rayon de l'ordre de 65 km. Pour une densité moyenne de 250, ces chiffres sont respectivement de 8 000 km2 et de 50 km. Or on sait que dans les aires "rhénanes" la distance séparant deux villes d'au moins 100 000 habitants dépasse rarement 50 km. On peut par conséquent admettre qu'une de ces villes sur 3 ou 4 sera en position de rayonner sur au moins 2 millions d'habitants et de se doter des services les plus rares. Etant donné que leur zone d'influence abrite une population plus dense et plus aisée, les villes, ici, seront mieux équipées que des villes de même population dans d'autres types d'espaces.

Il en résulte que les aires "rhénanes" seront découpées en régions de faible superficie, de l'ordre de 10 000 km2, centrées sur des villes qui, parfois, n'atteignent pas les 500 000 habitants et dépassent rarement le million. Le reste du territoire régional comportera plusieurs autres villes dépassant les 100 000 habitants, et de nombreuses villes petites et moyennes, l'ensemble, villes et campagnes, étant entraîné dans une croissance et une urbanisation généralisées.

On pourrait parler ici de _gabarit optimal_, puisque les services les plus rares ne sont jamais très éloignés de la clientèle la plus reculée. L'établissement d'un réseau interconnecté d'autoroutes améliore encore l'accessibilité des divers centres, et il pourra se faire que tous les services supérieurs ne soient pas toujours groupés dans la même ville, mais que deux ou trois villes se les partagent pour une même clientèle régionale. A la limite la notion même d'espace "régional" se dissoudrait si se multipliaient les choix possibles entre les centres. Mais d'autres facteurs, notamment l'organisation administrative, en maintiendraient sans doute la réalité.

1.3. Type périphérique

Rappelons qu'il s'agit de territoires qui n'ont pas connu le même grand essor industriel que les précédents, sinon dans quelques foyers isolés. Il en résulte une proportion encore élevée d'actifs agricoles, une croissance urbaine moins vigoureuse et un produit régional par habitant plus faible, par conséquent un retard dans l'équipement en moyens modernes de circulation. Cependant plusieurs de ces contrées ont accédé aujourd'hui à un développement remarquable. Il est donc essentiel _d'appuyer la construction des gabarits théoriques sur les stades d'évolution_.

Si l'industrialisation est encore faible et le réseau de transports peu modernisé, les capitales régionales seront relativement modestes (moins de 500 000 habitants) et leur rayon d'influence maximum, en 1 heure 30, ne dépassera pas quelque 80 km, soit pour une capitale centrale quelque 20 000 km2 (à peu près 3 départements français). Or, vu la faiblesse des densités, on ne trouvera pas là une clientèle suffisante pour rentabiliser les services les plus rares : une densité moyenne de 50 donne 1 million d'habitants sur cette superficie, alors que le seuil de marché avait été fixé à 2 millions (certes, dans bien des campagnes du Mezzogiorno ou de l'Ibérie occidentale la densité dépasse les 100, mais le pouvoir d'achat est moitié moindre, ce qui porte le seuil de marché à 4 millions...). Par conséquent la ville-capitale aura toutes les chances de ne pas posséder tel ou tel équipement ou service rare. Capitale incomplète, elle verra les territoires bordant sa zone d'influence réelle ou bien dépendre d'une autre grande ville, elle-même incomplètement équipée, ou bien, s'il s'agit d'intervalles pauvres en villes, rester à l'écart en tant que territoires "non métropolisés", encore plus défavorisés, voués au dépeuplement. A ce stade les espaces "régionaux" restent donc très morcelés et l'armature urbaine est hors d'état d'offrir à l'ensemble de la population l'éventail complet des services de niveau élevé.

Supposons maintenant que divers facteurs (industrie spécialisée, activités portuaires, tourisme...) viennent créer une richesse nouvelle, que la capitale voie sa population augmenter rapidement, qu'elle devienne le point de convergence de plusieurs axes de circulation moderne : dès lors elle pourra intégrer un territoire plus vaste, de 100 à 120 km de rayon, soit 30 à 45 000 km2 (5 à 7 départements français). Il n'en faut pas tant pour trouver 2 millions d'habitants, puisque la densité et le pouvoir d'achat auront augmenté ; les équipements de la capitale, devenus rentables, pourront donc se compléter, ce qui accroîtra encore son attractivité. On verra ainsi se constituer des régions de plus en plus solidement intégrées, comportant certains secteurs plus développés, au long des principaux axes de circulation. La hiérarchisation des centres s'accusant, les anciennes grandes villes rivales deviendront des capitales de sous-régions. Le gabarit de l'ensemble de l'organisme régional dépendra de l'écartement des grands centres organisateurs ; mais de toute façon ces régions de type "périphérique" seront nettement plus étendues, moins denses, moins complètement urbanisées que les régions de type "rhénan". A plus petite échelle leur processus de développement reproduit celui des régions de type "parisien".

1.4. Le tableau ci-dessous donne un exemple de valeurs moyennes pour chaque type de région.

Tableau n° 1 : Caractéristiques théoriques des types de régions

Eléments de gabarit et de structure	Type parisien			Type rhénan	Type périphérique	
	stade 1	stade 2	stade 3		stade 1	stade 2
Superficie de la région (1000 km2)	40	90	90	10	20	40
Population totale de la région (M. d'hab.)	4	10	12	2	1	3
Population de la capitale (M. d'hab.)	2	6	5	0,6	0,4	0,8
Nombre d'autres villes de + de 100 000 hab.	–	6	10	2	–	2
Nombre de villes de 50 à 100 000 hab.	6	9	20	2	2	6

N.B. On se place dans l'hypothèse d'une capitale située au centre d'un territoire d'allure sensiblement circulaire. Quant aux valeurs indiquées, elles ont été choisies un peu arbitrairement à l'intérieur d'une fourchette relativement large de valeurs possibles.

2. UTILISATION D'UN MODELE GRAVITAIRE

L'approche quantitative n'ayant été introduite dans l'étude des gabarits que tardivement, la présentation qui en est faite maintenant ne peut faire état que de résultats provisoires.

La délimitation des régions s'appuie sur deux hypothèses qu'aucun travail n'a jusqu'ici infirmées à notre connaissance :
- il existe un seuil de refus massif d'utilisation des transports publics et privés
- le modèle de gravité simple permet de repérer cartographiquement la trace de ce seuil de refus.

La première formule utilisée est celle de Reilly-Converse :

$$Dj = \frac{dij}{1 + \sqrt{\frac{Pi}{Pj}}} \quad \text{avec } Pi > Pj$$

Dans l'application qui en sera faite ici, la friction est rendue par une distance-espace et Pi, Pj représentent des populations totales de villes supérieures à 100 000 habitants. On obtient ainsi un premier découpage qui indique jusqu'où il convient de tracer les isodistances à partir des villes-centres. L'utilisation d'isochrones, dressés selon <u>le plus court chemin que doit effectivement parcourir un automobiliste</u> pour se rendre d'un point quelconque de la "zone d'influence" à la "métropole" fournit, ensuite, une série de "classes d'éloignement" caractérisée chacune par une même valeur du gradient de centralité. La formule utilisée est du type :

$$i = \frac{P}{t^2}$$

qui a, jusque là donné d'excellentes approximations dans des tests de contrôle effectués en France et au Québec (1). Le modèle combine donc les approches "exceptionnalistes" et "nomothétiques" : les isochrones, comme on l'a vu, traduisent chaque réseau routier au plus près, rendant compte de l'extension

---

(1) Cf. Racine J.B. et Reymond H., L'analyse quantitative en géographie. Paris PUF, 1973, page 65, 71 et 72.

de chaque centre urbain sur son espace ; mais la formule gravitaire accorde à chaque ville le même type de décroissance à l'intérieur des bandes isochrones.

2.1. Analyse critique du modèle

L'utilisation de cette formulation pose immédiatement -mis à part la question de comparabilité des statistiques (actuellement à l'étude sur un ensemble de villes alsaciennes et badoises)- trois problèmes théoriques et pratiques.

a) La signification du numérateur

Même si l'on suppose que des conditions identiques président à l'agrégation statistique des données de population totale, les problèmes demeurent entiers quant à la signification du numérateur et à la transmission de son influence à travers ce frein qu'est le temps de déplacement. La population totale de nuit, donc la population résidante a été utilisée. On sait bien que seule la population de jour active correspond à l'influence fonctionnelle d'une ville dans un réseau : encore faudrait-il en extraire la partie fondamentale.

Ainsi le modèle ne semble pouvoir fonctionner que si les distances entre les villes dépassent les seuils routiers massifs des migrations alternantes ; on peut donc raisonnablement douter de son efficacité dans les zones de concentrations urbaines telles la Randstad-Holland et la Ruhr, où l'excellence du réseau autoroutier jointe à la proximité des semis de villes mettent souvent ces dernières à moins de vingt minutes l'une de l'autre.

Un autre type d'erreur se profile sous l'utilisation de la population résidante totale ; celle-ci inclut forcément les activité spécifiques : un port, une ville minière renferment des populations qui augmentent le numérateur du modèle et lui prête une influence "régionale" que bien évidemment ces organismes ne possèdent pas.

Enfin, sous la forme utilisée, le modèle ne prend pas en compte les "barrières" qui, pour une ville donnée, conduiraient à augmenter l'importance de la population (1). Un examen de la carte n° 9 montre que le canton de Neufchâtel est compris dans la région de Berne. Bien sûr la ville de Neufchâtel, inférieure à 100 000 habitants n'a pas été prise en compte ; mais l'eût-elle

---
(1) On peut aussi modifier l'exposant de la distance.

été que "l'irrédentisme" de ce canton francophone face aux alémaniques, ignoré du modèle, aurait conduit à une réduction de la zone d'influence neufchâteloise. Si celle-ci est connue empiriquement, il ne sera pas difficile d'ajuster le coefficient de la distance ; le raisonnement procède, on le comprend, par déviation constatée : plus d'exemples de ce type seront traités, plus il deviendra possible de proposer un exposant rendant compte des barrières de caractère linguistique. La méthode peut s'étendre aux autres cas examinés plus haut.

b) La signification du dénominateur

Alors que le numérateur exprime une force d'attraction, le dénominateur exprime les résistances à cette attraction. L'utilisation de 3 vitesses différentes -selon qu'il s'agit d'une autoroute, d'une route de liaison interurbaine ou du réseau primaire- nuance les accessibilités, mais ne reflète cependant pas les rigidités ni les facilités de la "trame" (1) avec exactitude ; il existe encore de nombreuses zones sans autoroutes dans lesquelles la route principale traverse ou ne traverse pas ces "obstacles" à l'accessibilité centrale que sont les villes satellites, les villes "sous-régionales" ou les villages. Le handicap est encore plus sensible si le trajet s'effectue en grande partie sur une petite route à concentrations rurales anciennes et denses (2).

Tenir compte le mieux possible des conditions réelles de l'accessibilité revient donc d'abord à différencier les vitesses selon le type de route. Une enquête auprès des gendarmeries de Strasbourg et de Mulhouse sur les "vitesses de défilage" (3) a permis d'aboutir aux chiffres suivants :

---

(1) "trame" : ici, les centres urbains et les infrastructures routières qui les joignent. Pour une définition plus générale, cf. Racine J.B. et Reymond H., op. cit. page 33 et suivantes.

(2) Trio-Heinrich M. et Dietemann Y. : "Etude des pénalisations de la circulation dans le cadre de la région fonctionnelle de Mulhouse." Mémoire de maîtrise. U.E.R. de Géographie de Strasbourg, 1975. Ce travail de maîtrise, qui n'a pu être utilisé pour l'actuel tracé d'isochrones, permet maintenant de calculer des temps plus réalistes et du même coup d'apprécier l'erreur commise.

(3) On ne peut appliquer de pénalisations à des vitesses moyennes qui les incluent déjà.

Tableau n° 2 : Caractéristiques de vitesses applicables aux types de routes

Type de route	En dehors de toute agglomération	Pénétration dans une agglomération >100 000 hab.	Traversée des centres ou agglomération de : >10 000 hab.	<10 000 hab.
autoroute	10 km en 5 mn (120 km/h)	5 km en 5 mn (60 km/h)	5 km en 5 mn (60 km/h)	5 km en 5 mn (60 km/h)
route nationale ou départementale	8 km en 5 mn (95 km/h)	2 km en 5 mn (24 km/h)	2 km5 en 5 mn (30 km/h)	enlever 0,5 km par village traversé

Un tel tableau permet de départager les types de routes en fonction de leur capacité et des espaces qu'elles traversent. Mieux, on peut mettre au point un "temps calculé" de traversée des localités. L'exemple méthodologique alsacien que l'on vient de citer et qu'illustrent les données du tableau n° 3 conduit à affiner la démarche. La substitution du temps calculé à l'estimation améliorera sensiblement la vérité du modèle. (cf. figure n° 2).

D'autres précisions seraient nécessaires : quelles pénalisations adopter en montagne ? à la traversée d'une frontière ? dans la fourchette des villes comprises entre 10 000 et 1 000 000 habitants ? etc...

Tous ces problèmes, connus au moment de la mise en train du travail, ont reçu des réponses empiriques, mais uniformes, en attendant que les travaux de terrain entrepris parallèlement autorisent une application plus rationnelle des pénalisations. Cela parce qu'il semblait difficile d'attendre que toutes les réponses soient connues au niveau européen pour utiliser le modèle de gravité.

Figure 2

EFFETS DES PÉNALISATIONS SUR LE TRACÉ DES ISOCHRONES

——————— Isochrones tracées sans pénalisation

——— ——— Isochrones modifiées par les pénalisations

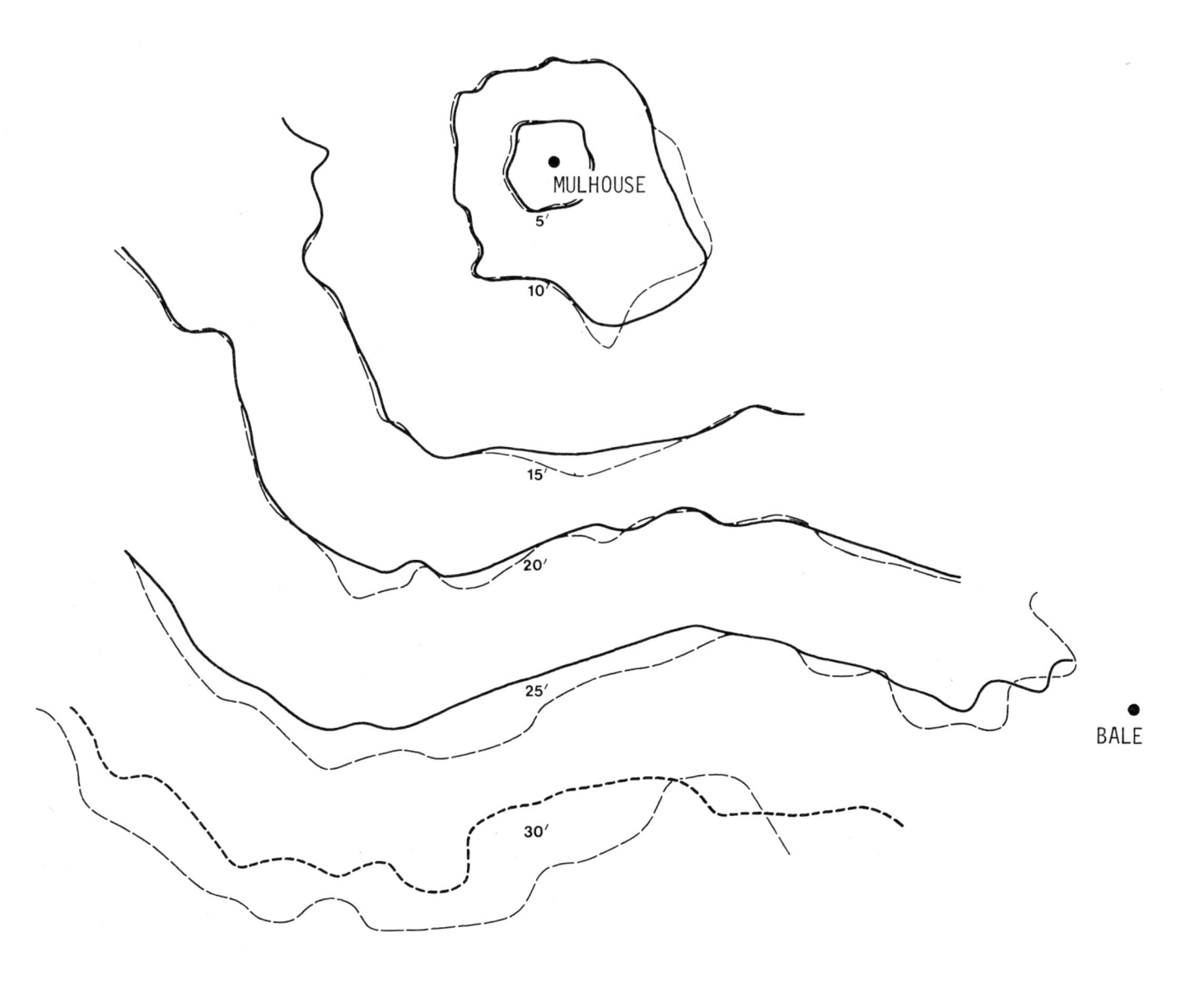

Les isochrones peuvent être placées sur une carte Michelin 1/200 000

Tableau n° 3 : Traversée des villages : temps réel et temps calculé

(exemples dans la région de Mulhouse)

Villages	Temps réel	Temps final calculé (temps idéal + $aD - \frac{bd2}{P}$ + rampe + somme des obstacles)
24 Hindlingen	66"	71,3"
30 Gommersdorf	61"	66,7"
33 Falkwiller	61"	52,9"
37 Burnhaupt	127"	103 "
41 Masevaux	125"	127,9"
3 Wittenheim	205"	206,3"
32 Buetwiller	120"	68,5"
52 Waltenheim	50"	46,5"
54 Magstatt Le Bas	53"	57,9"
72 Galfingue	45"	46,6"
16 Waldinghofen	95"	124,3"
18 Riespach	130"	97,2"
23 Friesen	89"	93"
31 Hagenbach	116"	97,6"
46 Habsheim	165"	132,9"
49 Landser	75"	78,7"
67 Bartenheim	127"	124,9"
71 Spechbach Le Haut	50"	52,9"
9 Tagolsheim	60"	65,7"
10 Walheim	75"	74,4"
35 Ammerzwiller	40"	45,4"
17 Steinsoultz	111"	114,6"
19 Feldbach	50"	73"

(Suite du tableau n° 3)

22 Ueberstrass	80"	83"
26 St Ulrich	50"	65"
42 Heimsbrunn	70"	84"
47 Eschentzwiller	95"	117"
51 Geispitzen	65"	71"
59 Ranspach Le Bas	80"	105"
69 Aspach	95"	108"
28 Manspach	125"	91"
61 Attenschwiller	90"	91"
34 Geildwiller	60"	83"
45 Rixheim	120"	117"
53 Koetzingue	73"	76"
60 Michelbach Le Bas	105"	103"
62 Hésingue	220"	210"
68 Sierentz	115"	134"
70 Spechbach Le Bas	65"	82"
7 Zillisheim	135"	154"
11 Altkirch	200"	216"
20 Bisel	145"	128"
25 Strueth	75"	110"
43 Morschwiller Le Bas	180"	209"
12 Hirsingue	125"	153"
27 Altenach	104"	98"
29 Dannemarie	113"	117"
48 Dietwiller	95"	96"
57 Kappellen	55"	85"
44 Reiningue	140"	173"
50 Schlierbach	75"	139"
58 Helfrantzkirch	100"	128"
2 Ensisheim	106"	115"
4 Kingersheim	205"	206"
65 Village Neuf	154"	143"

c) La pertinence des limites   (cf. carte n° 9)

Les nécessités d'expression cartographique ont fait indiquer une coupure nette entre les régions alors que le modèle souligne l'importance de la concurrence interurbaine par celle des zones de recouvrement. Malgré cela les partitions obtenues se rapprochent dans de nombreux cas d'études empiriques antérieures ou de l'expérience vécue. On peut dans cette ligne indiquer :
- l'antenne sud de la capitale de la Belgique en direction du Luxembourg
- la "banlieue milanaise" (1) dont on aperçoit bien l'importance le long du regard sud des Alpes Suisses
- la petite zone de Rahden, soulignée aussi par "die Bundesrepublik Deutschland in Karten, (planche 5131, Lieux centraux et zones d'influences de degré moyen et élevé, 1968 - Un inventaire géographique), comme "indépendante" d'Osnabrück, de Bielefield et de Hanovre... etc (2).

En sens inverse et comme on s'y attendait, dans d'autres cas les limites ne correspondent pas aux partitions empiriques. Il est clair par exemple, qu'en Alsace la zone d'influence de Karlsruhe ne s'étend pas assez loin ; que Strasbourg -on en donne la raison plus loin- n'occupe pas la région d'Offenbourg, que les inclusions du ressort parisien ont une emprise spatiale réelle plus développée...etc.

La situation, peut donc se résumer scientifiquement ainsi : nous possédons un modèle imparfait dont nous connaissons bien les imperfections; la différence entre les résultats de son application et la réalité des constats nous indiquera la nature et l'ampleur des rectifications à effectuer. Non seulement nous pourrons vérifier la valeur théorique de nos appréciations mais encore opérationnaliser celles-ci si nous le désirons. Nous possédons un modèle imparfait dans son expression mais logique dans sa structure de prise en compte des possibilités d'accessibilités différentielles des régions vers leur centre. Aussi avons-nous obtenu des résultats imparfaits ; mais ceux-ci ne heurtent l'évidence empirique que dans un nombre de cas d'autant plus limités que les villes de petite taille, mais à rayon d'influence important pour des raisons a - géographiques, sont exclues de l'étude par le fait même du seuil minimum retenu (100 000 habitants).

---

(1) Expression consacrée en Suisse indiquant la colonisation jusqu'aux Grisons des Alpes Helvètes par la bourgeoisie de Milan.
(2) L'atlas cité isole Rahden et Minden; le modèle n'a retrouvé que Rahden.

2.2. Analyse géographique des résultats

Encore au stade intermédiaire, les résultats confirment les analyses effectuées sur des bases plus concrètes et permettent de distinguer deux types extrêmes de gabarits. (cf. carte n° 9).

a) <u>Les suggestions du modèle gravitaire</u>. Les insuffisances signalées dans la partie théorique ne contredisent pas les analyses précédentes sur la "nature" des espaces européens : elles exemplifient leurs indications en les exagérant; elles précisent surtout des tendances et distinguent des régions selon leur processus de développement géographique.

- <u>L'extension concentrique horizontale par inclusion</u>.

Le raisonnement, on le rappelle, repose sur l'accessibilité routière différentielle aux niveaux supérieurs de l'armature urbaine. Cela étant admis -on peut ne pas l'admettre- un habitant de Millau compte tenu de l'éventail de chalandise rare étalée dans une agglomération de plus de 5 000 000 d'habitants (le niveau de la deuxième couronne a été retenu) a plus d'intérêt à se déplacer sur Paris que sur Montpellier, Toulouse ou Lyon ; un Charentais qu'à Bordeaux, un Corrézien qu'à Limoges. Ce résultat, acquis par des approches très diverses (cf. in Merlin M. : Méthodes quantitatives et espaces urbains - Masson, 1973, cf. les pages 149, 164-165; et dans Repussard M. : Les méthodes d'analyse urbaine, Bière, p. 183), retrouvé ici à la dimension de l'Europe des Six, montre qu'une série d'espaces sont organisés par une seule ville dominante qui réduit peu à peu la zone de commandement des autres jusqu'à la déborder et à l'inclure totalement dans son propre ressort : Rouen, Amiens, Reims, Troyes, Orléans, Tours, Le Mans sont des témoins quasi-christallériens de cette évidence pour l'espace "parisien". A la périphérie, Rennes, Limoges, Clermont-Ferrand, Besançon, Dijon sont "tournés" à des degrés divers.

L'explication théorique de ce processus rejoint sans peine les analyses empiriques qui ont justement souligné <u>la faible densité européenne relative</u> de l'espace français : le seuil spatial de marché est, compte tenu de la portée d'un bien (ici, il s'agit de services rares), d'autant plus grand que la densité est plus faible. L'explication économique retrouve sans peine le souci politique de rassembler par un réseau adéquat des masses humaines trop diluées.
J.F. Gravier a examiné en détail l'avantage "ferroviaire" accordé à la capitale ; en détail, mais en vain, la politique autoroutière française apparaît

comme fondamentalement "parisienne" et "dérégionalisante". Sur la carte n° 5, la comparaison avec le réseau de l'Angleterre ou de l'Allemagne, voire de l'Italie se montre instructive : c'est une "étoile" autour de Paris, qui se continue vers le Nord, vers la côte normande, vers la Côte d'Azur, et qui aura d'autres branches, mais toujours en partant de Paris. On cherche autour des autres grandes villes des infrastructures à vocation régionale dignes de ce nom : il n'y a guère actuellement que l'autoroute du Nord et les tronçons lorrains. Là s'arrête l'influence parisienne. En fait, on change de "nature" d'espaces : la densité s'étoffe et l'accessibilité est décentralisée.

Le phénomène d'extension concentrique horizontale par inclusion se remarque dans d'autres régions d'Europe : Lyon "inclut" St Etienne, Valence et presque Grenoble ; Rome réduit Terni et Pérouse à quelques isochrones faméliques tout en ratatinant contre l'Adriatique Pescara, Ancone et Rimini ; Milan, qui a déjà satellisé (1) Bergame, Novare, Crémone et partiellement Alexandrie, "pense" semble-t-il à la dislocation du front "Parme-Bolzano" en profitant du drainage organisé par la confluence véronaise (Milan - Verone - Innsbruck, Milan - Verone - Trieste). Munich aussi appartient à ce type, et Hambourg enfin, où l'on peut voir se dessiner le contournement de Brême. Aucune de ces grandes villes cependant ne peut s'étaler avec la même tranquillité que Paris : c'est que l'organisation de leur accessibilité est contrebalancée par la bonne fluidité autoroutière des autres grands centres. (On sait bien depuis les études sur Cumbernauld que même une ville moyenne exige des échangeurs à niveaux si son taux de motorisation est élevé : il ne s'agit pas ici de dire qu'il ne faut pas organiser l'accessibilité des villes centrales, mais d'équilibrer au mieux les accessibilités de l'ensemble du réseau). La carte pour l'Italie du Nord indique bien que les autres villes de la Plaine du Pô sont reliées entre elles par le même niveau de desserte que le centre milanais.

<u>Cette politique de liaison de villes à villes, à laquelle il faut accorder la même attention et la même ampleur qu'au souci de dégagement de la capitale</u> (nous n'avons pas dit de concentration sur la capitale) <u>apparaît comme la condition sine qua non d'une décentralisation génératrice de développement</u> (2). L'analyse de l'axe rhénan a été préféré à celui du petit axe italien de l'Appenin pour illustrer le deuxième processus.

- <u>La structuration axiale verticale par nodalisation.</u>

Si ce processus particulier domine de Bâle à la Mer du Nord, la

---

(1) Grâce à un système rayonnant supérieur à celui de Paris, compte tenu des tailles respectives. cf. à ce sujet Dalmasso E., Milan, capitale économique de l'Italie - GAP - OPHRYS - 1971 pages 56 et suivantes, plus particulièrement p. 58 ligne 4 et note 23.
(2) cf. les travaux de Pred A., Törnvist G., Engström M.G., et Sahlberg B.W.

nature de l'étoffe géographique en densité, en activité, en villes n'y est pas étrangère ; cependant les communications apparemment aisées ont réclamé des efforts continus. L'histoire du Rhin, celle de la création d'un site propre à assurer à Rotterdam les avantages d'une excellente situation potentielle demeurent des témoins exemplaires de ces faits. Reste à statuer sur le pourquoi de l'organisation autoroutière après l'avoir décrite pour la distinguer de l'organisation parisienne.

La carte montre qu'on se trouve en présence d'un redoutable semis de villes ; elle précise que les phénomènes d'inclusions existent aussi : il n'est que d'examiner le cas de la Ruhr ou le ressort d'influence de Cologne pour s'en rendre compte. La différence ne vient pas de là : le processus d'inclusion, les études de Janelle D.J. (1) l'ont montré, est universel ; ici, il ne connaît pas cependant une extension exagérée : les zones d'influence, plutôt petites, serrées les unes contres les autres se partagent l'espace selon une distribution quasi équilibrée. Il ne paraît pas pertinent de lier ce type de partition au seul semis urbain, beaucoup plus dense il est vrai à ce niveau de taille (au centre de chaque région se trouve au moins une ville de 100 000 habitants) qu'à l'Est et à l'Ouest, semis qui serait explicable lui-même par l'industrie : on comprend mal alors le cas hollandais.

L'examen attentif du réseau autoroutier montre qu'il est, bien sûr, structuré en "carrefours majeurs" d'intérêt européen ; citons : Bâle, Karlsruhe, Mannheim, Francfort, Cologne-Dusseldorf-Duisbourg, par exemple, mais les autres centres peuvent aussi communiquer l'un avec l'autre par autoroute : Utrecht avec Arnhem, Arnhem avec Nimègue, Nimègue bientôt avec Bois-le-Duc, Bois-le-Duc avec Utrecht, Tilburg ou Eindhoven, Tilburg avec Breda, Breda avec Rotterdam et Anvers. Le même souci de bonne redistribution de l'accessibilité caractérise l'ensemble de régions urbaines rhénanes.

Il y va certainement de la taille de l'unité de décision politique : Hollande, Belgique, gardent la dimension d'un Land, et dans la mesure où le choix est possible on voit mal pourquoi, sauf si les finances de l'unité régionale sont en défaut, on préférerait un modèle d'accessibilité qui favorise uniquement les carrefours les plus avantageux économiquement. Il y va aussi de la contrainte de trop plein : trop de monde, trop de villes, trop de solide niveau de vie, trop d'autos ; comme on l'a souligné à propos de l'étude sur Cumbernauld, la fluidité de la circulation exige alors des échangeurs à niveaux ; on voit que le souci simple de rentabilité technique a pu jouer un rôle dans cette presque équirépartition des accessibilités.

(1) Janelle D.J. Central place development in a times space framework. The Professional Geographer vol. XX n° 1, 1968.

Quelle qu'en soit la cause, ou le faisceau de causes en prise directe ou recurrentes, le résultat n'en demeure pas moins : <u>l'équilibre des régions urbaines nécessite une déconcentration des infrastructures autoroutières</u> ; on peut à la limite, penser à un maillage régional non lié à la capitale pendant un temps assez long : celui de prendre l'habitude de l'autonomie. Les responsables n'ignorent pas que la création de régions semi-autarciques semble constituer un palliatif à la crise de l'énergie ; il est clair que les autoroutes en créant un nouveau niveau urbain créent de nouvelles régions ; encore faut-il avoir conscience que ni le modèle "rhénan", ni le modèle "parisien" ne correspondent à cet espoir. <u>Le premier cependant apparaît comme un tissu de meilleure qualité dans la structure même de son organisation.</u>

b) <u>Des hypothèses en cours de vérification.</u> Cette dernière affirmation s'appuie sur une recherche (1) réalisée parallèlement à la confection de la carte. L'idée consistait à rechercher à l'aide des graphes le rôle des "structures pauvres" -la définition est de Ponsard- dans les différentes tailles des ressorts d'influence délimités par modèle de gravité. Cette analyse portant sur 15 régions françaises, couplées avec des relevés descriptifs sur d'autres pays d'Europe, nous a conduit aux résultats qui suivent :

- <u>les quinze régions suivantes ont été choisies :</u>

Montpellier, Metz, Brest, Avignon, Nîmes, Besançon, Pau, Bayonne, Perpignan, Lorient, Angoulême, Valence, La Rochelle, Colmar, Béziers.

Comme on le voit ces régions sont éloignées de l'espace parisien et elles sont "organisées" par une ville inférieure à 200 000 habitants ; après plusieurs analyses factorielles destinées à trier les variables non redondantes, les attributs énumérés ci-dessous, au nombre de 11, furent retenus (analyse communautés - corrélations) sur les 23 caractéristiques d'origine.

<u>Tableau n° 4 : Attributs retenus pour la description des régions fonctionnelles</u>

1. Environnement concurrent
2. Périmètre
3. Nombre de cycles (μ)
4. Développement du réseau en km (π km)
5. $\dfrac{\text{Nombre d'arêtes existantes}}{\text{Nombre d'arêtes possibles}}$ (γ non planaire)
6. Arête moyenne (η)

---

(1) Altmeyer JJ. et Diebold F. : Recherche et tests de paramètres descriptifs des régions fonctionnelles à partir de la théorie des graphes. Mémoire de Maîtrise de Géographie, U.E.R. de Géographie de Strasbourg - Juin 1975.

7. Diamètre en arêtes
8. Diamètre en km
9. $\frac{\text{Centralité}}{\text{Nbre de sommets}}$ en arêtes
10. $\frac{\text{Centralité}}{\text{Nbre de sommets}}$ en km
11. Forme de la région ($F = \frac{1,27 \times 7}{1^2}$)

N.B. Pour les définitions tirées de la théorie des graphes, consulter :

K.J. KANSKY : Structure of transportation - Networks - Chicago - Départment of Geography - Research paper n° 84, 1963.

C. FLAMENT : Théorie des graphes et structures sociales - Paris-Gauthier-Villars, 1968.

C. BERGE : Théorie des graphes et ses applications - Paris - Dunod, 1967.

R. PELLET : Initiation à la théorie des graphes - Vocabulaire descriptif - Entreprise moderne d'édition - Paris, 1966.

Tableau n° 5 : attributs d'origine entrant dans la description des régions fonctionnelles

1. Dispersion du réseau
2. Acessibilité moyenne des sommets dans la région
3. Centralité de la ville primatiale
4. Nombre de sommets du réseau
5. Longueur du réseau
6. Diamètre du réseau
7. Développement du réseau (π)
8. Arête moyenne (η)
9. Sommet moyen (θ)
10. Sommet moyen pondéré (ι)
11. Nombre de cycles (μ)
12. β
13. α
14. γ
15. Périmètre de la région

16. Surface
17. Longueur du plus grand axe
18. Indices de forme
19. Environnement concurrent
20. Population totale de la région
21. Densité
22. Population agglomérée des centres ⩾ 1 000 habitants
23. Pourcentage de population agglomérée par rapport à la population totale.

La dernière analyse en composantes principales (VARIMAX) fournit les résultats suivants :

+ au niveau des saturations :

Tableau n° 6 (1)

Facteur 1	Attributs	Facteur 2	Attributs
.916	ɤ non planaire / Arêtes existantes / Arêtes possibles	.895	η
.258	Environnement concurrent	.810	Diamètre en km
.155	η Arête moyenne	.720	Périmètre
.136	Centralité / s km	.298	μ
.028	Centralité / s km	.297	π km
-.074	$F = \frac{1,27 \times S}{1^2}$	.167	Centralité / s arêtes
-.446	diamètre en km	.065	ɤ non planaire
-.598	périmètre	-.132	diamètre en arêtes

(1) cf. Altmeyer J.J. et Diebold F. op. cité.

(suite du tableau n° 6)

-.772	π km Développement du réseau	-.134	$\dfrac{\text{Centralité}}{s}$ km
-.775	diamètre en arêtes	-.276	$F = \dfrac{1{,}27 \times S}{1^2}$
-.915	μ Nombre de cycles	-.385	Environnement concurrent
32,1 %	Pourcentage d'explication de la variance totale	22,1 %	Pourcentage d'explication de la variance totale

Facteur 3	Attributs	Facteur 4	Attributs
.944	$\dfrac{\text{Centralité}}{s}$ km	.455	diamètres en arêtes
.305	Diamètre en arêtes	.193	diamètre en km
.300	$\dfrac{\text{Centralité}}{s}$ arêtes	.191	Périmètre
.115	η	.053	μ
-.012	Périmètre	-.099	γ non planaire
-.057	Diamètre en km	-.159	$\dfrac{\text{Centralité}}{s}$ km
-.092	π km	-.195	η
-.118	μ	-.282	π km
-.188	γ non planaire	-.342	Environnement concurrent
-.368	$F = \dfrac{1{,}27 \times S}{1^2}$	-.798	$F = \dfrac{1{,}27 \times S}{1^2}$
-.773	Environnement concurrent	-.818	$\dfrac{\text{Centralité}}{s}$ arêtes
17 %	Pourcentage d'explication de la variance totale	16,8 %	Pourcentage d'explication de la variance totale

+ au niveau des poids factoriels :

Tableau n° 7 : Résultats des poids factoriels

Régions	Facteur 1	Régions	Facteur 2
Nîmes	2.148	Brest	1.774
Valence	1.476	Montpellier	1.264
Besançon	.839	Besançon	1.145
Béziers	.722	Nîmes	.895
Colmar	.689	Pau	.869
La Rochelle	.537	Béziers	.281
Montpellier	-.230	Bayonne	-.088
Angoulême	-.421	Lorient	-.156
Bayonne	-.554	La Rochelle	-.250
Pau	-.654	Angoulême	-.583
Lorient	-.750	Metz	-.602
Perpignan	-.799	Perpignan	-.673
Avignon	-.819	Colmar	-1.108
Brest	-1.083	Avignon	-1.336
Metz	-1.101	Valence	-1.431

(suite du Tableau n°7)

Régions	Facteur 3	Régions	Facteur 4
Béziers	1.591	Perpignan	1.749
Perpignan	1.327	Lorient	1.144
Colmar	.877	Bayonne	1.124
Pau	.676	Valence	.665
Angoulême	.511	Montpellier	.410
Bayonne	.493	La Rochelle	.403
Montpellier	.339	Béziers	.305
Besançon	.199	Brest	.194
Nîmes	-.136	Colmar	.007
Avignon	-.239	Nîmes	-.291
Metz	-.458	Pau	-.594
La Rochelle	-.577	Metz	-.885
Lorient	-1.244	Besançon	-1.184
Brest	-1.592	Angoulême	-1.205
Valence	-1.767	Avignon	-1.845

RÉGION DE METZ

Graphe des liaisons régionales et interrégionales

RÉGION DE NIMES

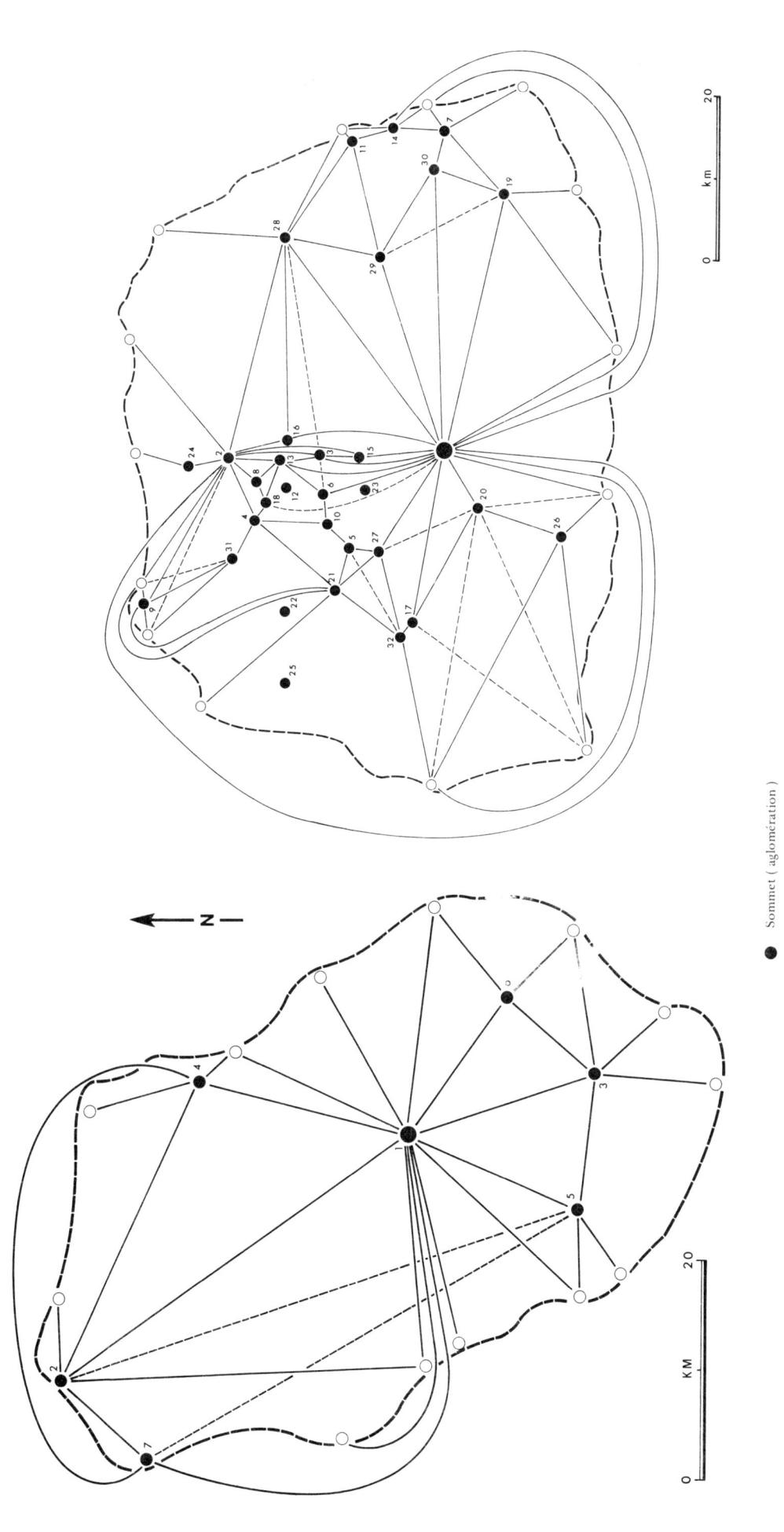

Graphe des liaisons régionales et interrégionales

● Sommet (agglomération)
○ Borne (sortie du système)
— Arête planaire
--- Arête non planaire

Liaisons retenues : routes rouges et jaunes (carte Michelin)

FIGURE 3

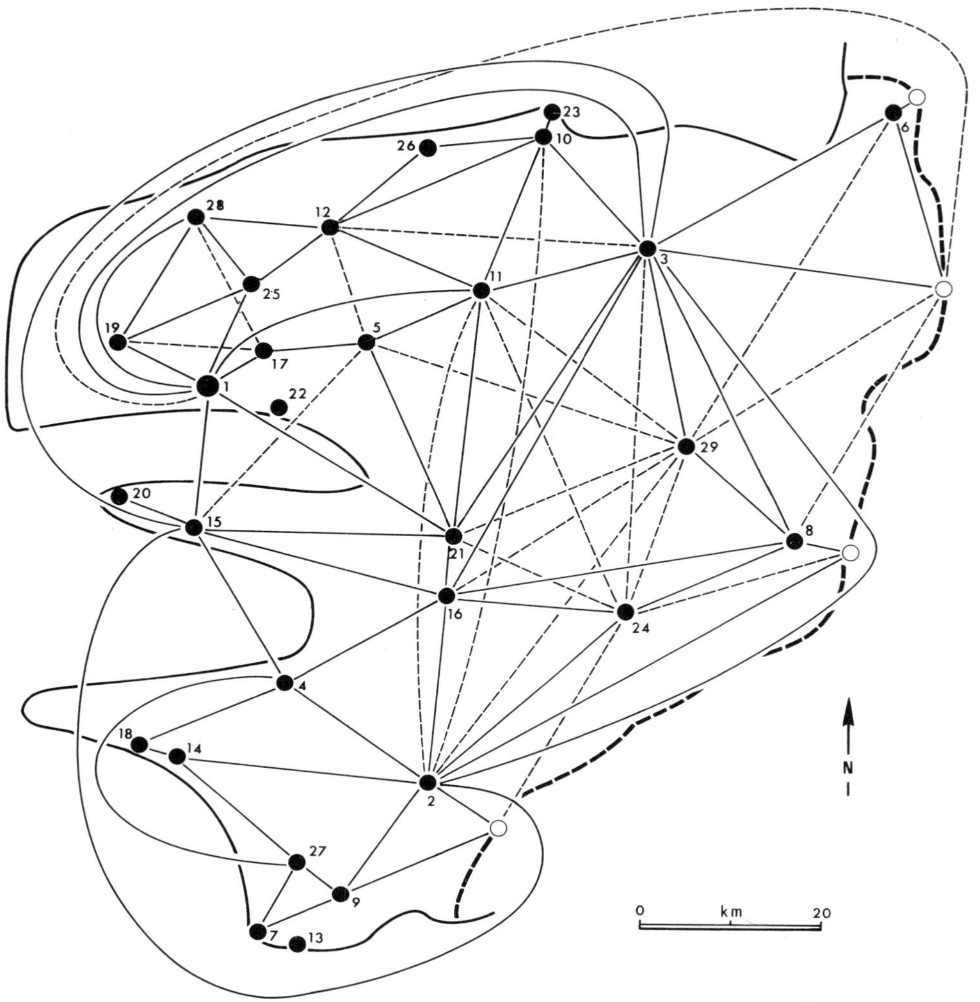

RÉGION DE VALENCE

Graphe des liaisons régionales et interrégionales

RÉGION DE BREST

Graphe des liaisons régionales et interrégionales

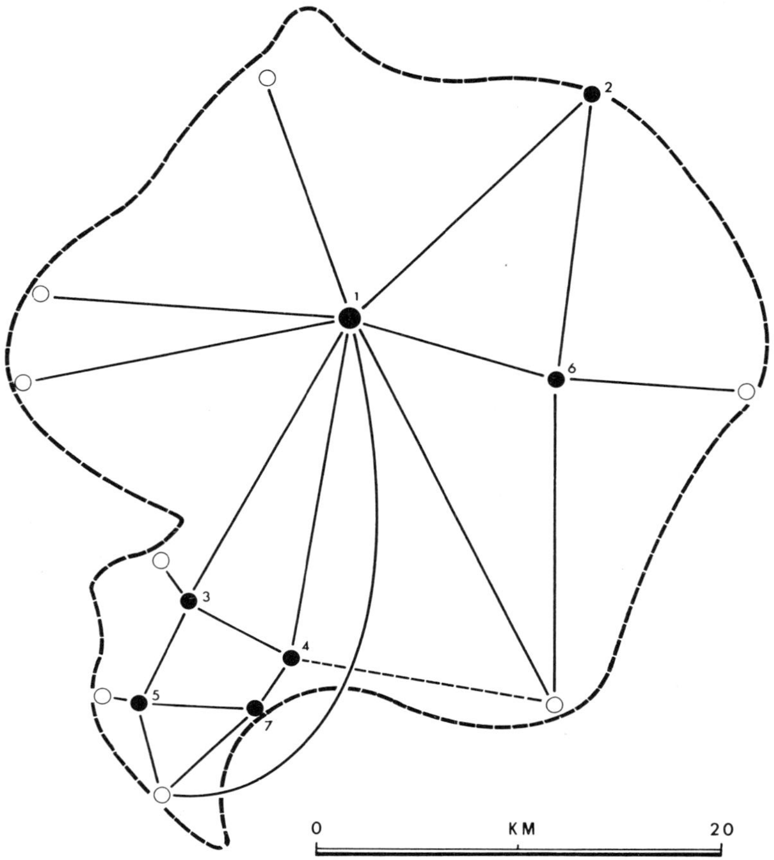

- ● Sommet (agglomération)
- ○ Borne (sortie du système)
- —— Arête planaire
- ------ Arête non planaire

Liaisons retenues : routes rouges et jaunes (carte Michelin)

FIGURE 4

RÉGION DE VALENCE

Graphe des liaisons régionales et interrégionales

RÉGION DE BÉZIERS

Graphe des liaisons régionales et interrégionales

● Sommet (agglomération)
○ Borne (sortie du système)
— Arête planaire
--- Arête non planaire

Liaisons retenues : routes rouges et jaunes (carte Michelin)

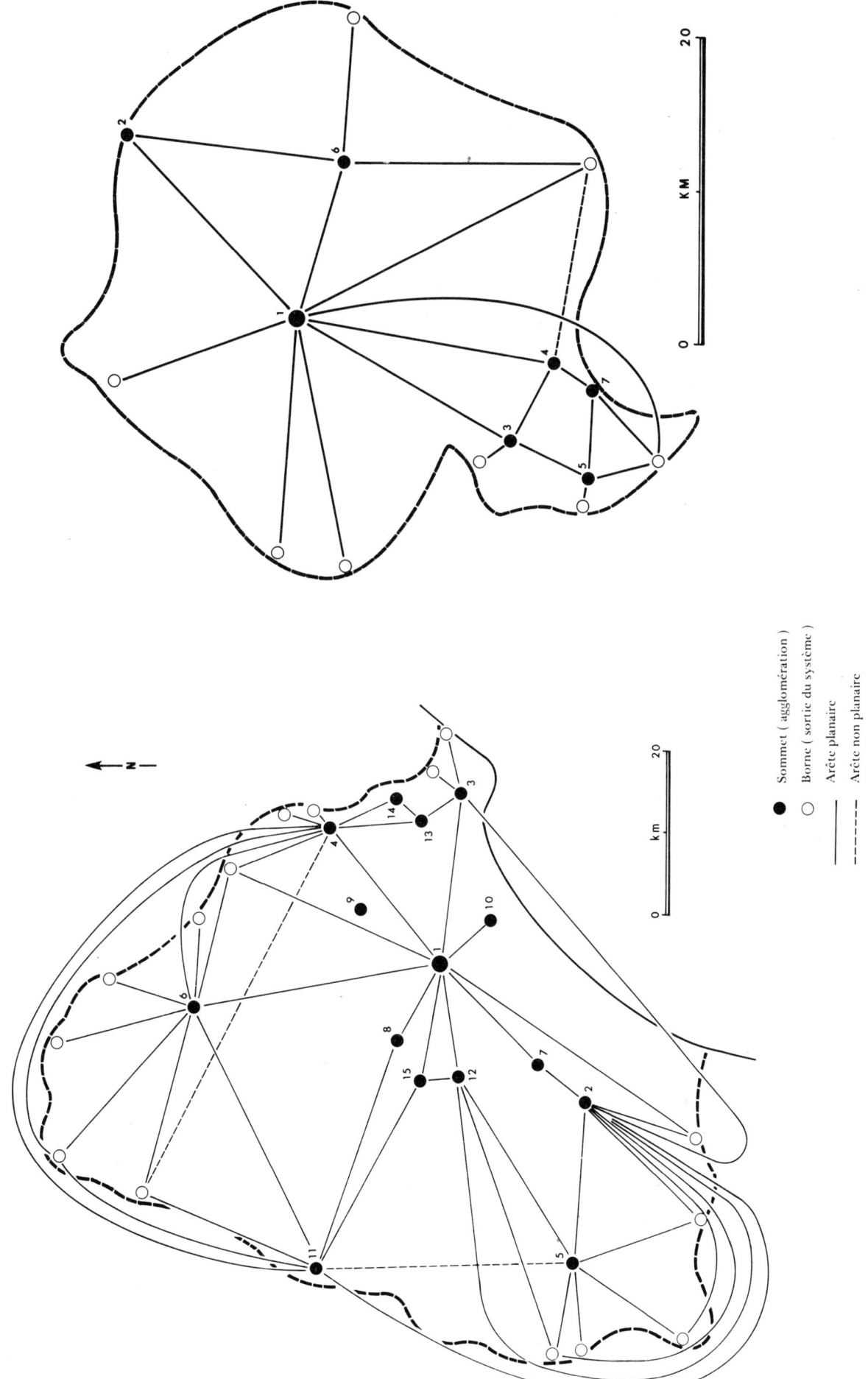

FIGURE 5

RÉGION D'AVIGNON

Graphe des liaisons régionales et interrégionales

RÉGION DE PERPIGNAN

Graphe des liaisons régionales et interrégionales

- ● Sommet (agglomération)
- ○ Borne (sortie du système)
- ―― Arête planaire
- ------ Arête non planaire

Liaisons retenues : routes rouges et jaunes (carte Michelin)

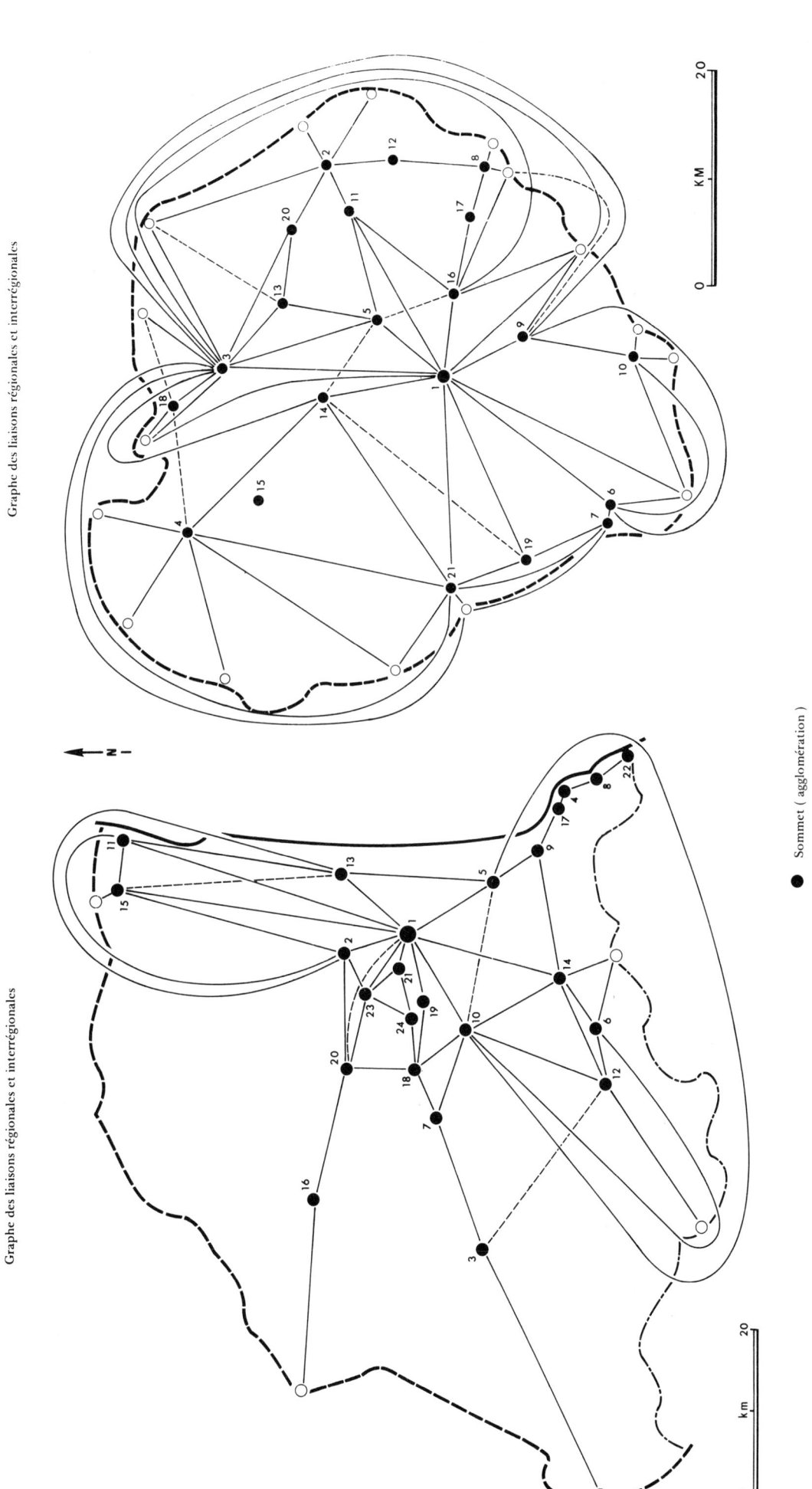

FIGURE 6

. le commentaire, qu'on ne fait ici que résumer en l'appuyant chaque fois sur les cartes détaillées des scores les plus extrêmes, permet de se poser quatre questions.

- Le facteur I exprime le degré d'achèvement du réseau (voir figure n° 3). A Nîmes la grande majorité des liaisons de sommet à sommet est assurée ; à Metz on se trouve en présence de la situation inverse : il semble qu'une <u>augmentation de taille sans augmentation de densité dirimante entraîne structurellement une moins bonne distribution de l'accessibilité.</u> Il s'agit d'une hypothèse, mais nous avons déjà vu que <u>les régions de type rhénan joignaient la petitesse à la haute densité ; l'inverse des régions de type parisien.</u>

- Le facteur II souligne l'effet de dispersion des sommets (voir figure n° 4).

On voit sans peine qu'à l'accroissement de la taille de la région correspond une dispersion plus grande des sommets ; ce qui reste dans la ligne rassurante de la théorie géographique si l'on sous-entend qu'aucun changement de densité ne modifie nettement le seuil d'organisation. Le facteur, on le voit, confirme le précédent tout en présentant un fait supplémentaire : <u>un ressort d'influence de grande taille présenterait donc à la fois une dispersion plus grande des sommets et en même temps un inachèvement des liaisons entre un nombre de sommets plus importants.</u> Encore une fois type "parisien" et type "rhénan" paraissent s'opposer terme à terme. Il faut simplement prendre garde à ceci que les "sommets" allemands <u>dans chaque ressort d'influence</u> pèsent plus en même temps qu'ils sont plus serrés que les sommets français.

- Le facteur III lie la cohésion interne d'un ressort d'influence à la moindre concurrence de l'environnement urbain immédiat. On reporte ici in extenso le commentaire du mémoire (1). (voir figure n° 5)
"Les villes primatiales dont la centralité kilométrique est la plus forte sont celles de Béziers, Perpignan, Pau, Angoulême et Colmar.
Celles qui subissent des pressions externes fortes de la part de villes primatiales environnantes -par le fait du poids de population de ces villes et de leur distance par rapport à la ville concurrencée- sont Valence (concurrencée par Lyon), Brest (concurrencée par Paris), Lorient et La Rochelle. Les villes primatiales de ces régions ont une centralité kilométrique moins marquée.
La corrélation entre l' "Environnement concurrent" et la Centralité de la ville primatiale est - 0,572."

---

(1) Altmeyer J.J. et Diebold F (op. cité).

On retrouve à travers le commentaire l'opposition signalée plus haut, comme l'analyse du chapitre précédent : la "centralité kilométrique" (lisons les moindres distances vers les différents centres) est équitablement répartie entre les nodalités rhénanes ; elle est monohiérarchiquement accaparée dans le système d'organisation en "bassin". <u>Chaque ville dans le premier cas peut "résister" à chaque ville</u> ; les chances sont minces dans le second cas.

- Le facteur IV (voir figure n° 6) enfin oppose la discontinuité spatiale à la centralité topologique (c'est-à-dire comptée en arêtes et non en kilomètres).

Celle-ci ne coïncide donc pas forcément avec la centralité kilométrique ; on retrouve ici un classique de l'analyse géographique : les ressorts d'influence des villes de ports, des villes de frontières (par exemple celui de Strasbourg qui ne passe sur notre carte de l'autre côté du Rhin que parce qu'Offenbourg, à cause de sa taille n'a pas été prise en compte), des villes de piedmont présentent une centralité géométrique tronquée. En France il s'agit de Bayonne, La Rochelle, Lorient, Perpignan. On imagine sans peine qu'un même résultat serait obtenu pour Tarente, Bari, Ancone, Rimini, Venise ou La Haye. Les régions rhénanes semblent se situer, si on en juge par la forme et la position des centres dans chaque ressort, entre les deux : peu influencées par le facteur ; ce qui paraît logique puisque l'accessibilité construite y a remplacé l'accessibilité naturelle ; mais il ne faut préjuger de rien et seule une analyse conduite avec les mêmes attributs pourra suggérer ce qu'il faut en penser.

Pour l'instant quatre ensembles (cf. carte n° 9) semblent se dégager quant aux processus de formation de ces gabarits.

1. Un ensemble disjoint dans lequel la dominante parisienne s'affirme.
2. Un ensemble cohérent, massivement axial, qui paraît à ce niveau de résultats, résumer la dominante rhénane.
3. Un ensemble disjoint "intermédiaire" entre les deux types précédents : on y trouve des systèmes parisiens "faibles", greffés sur un axe de transport régional important.
4. Un ensemble disjoint "périphérique" : on entend par là qu'éloignés des axes et des centres majeurs, les gabarits n'y correspondent à rien de net qui soit attribuable à l'un ou à l'autre des deux premiers processus.

Encore une fois il s'agit d'hypothèses de travail, mais la piste paraît sérieuse et <u>le gabarit régional semble s'accorder à la trame minimale</u> <u>(les structures pauvres) d'innervation de son espace : le réseau en "mailles"</u> <u>de style rhénan ne correspond pas au même processus que le réseau en "arbre"</u> <u>de style parisien</u>. Reste à savoir si la "nature d'espace" a engendré le processus, ou si le processus a accentué des potentiels qui auraient pu être gérés autrement. Des travaux sont en cours qui conduiront à vérifier dans l'ensemble ouest européen la pertinence de ces suppositions.

TROISIEME PARTIE

IDENTIFICATION DES TYPES D'ESPACES FONCTIONNELS : LEUR CONFRONTATION AVEC LES MODELES THEORIQUES.

Les schémas qui ont été présentés dans la Deuxième Partie sont le fruit de raisonnements fondés sur quelques hypothèses : seuils vraisemblables d'accessibilité et de marché, relation entre la population d'une ville et son attractivité, etc... Les résultats de cette réflexion théorique semblent bien prouver qu'il existe une relation entre type d'espace et gabarit des régions qui l'occupent. Reste à vérifier cette relation en adoptant cette fois une démarche empirique, c'est-à-dire en analysant les différents aspects de l'espace fonctionnel tels qu'ils ressortent de l'observation de phénomènes réels et actuels dans la vie de relations, afin de voir si l'on retrouve dans les faits les gabarits théoriques proposés.

L'application du modèle gravitaire a par ailleurs fait apparaître des types distincts d'organisation : cas d'organisation en emboîtement hiérarchisé de cellules fonctionnelles, cas d'inclusion de régions intermédiaires dans l'aire d'attraction étendue des villes majeures, cas de structures de juxtaposition d'entités spatiales de poids voisin, ou encore agencement spatial plus aléatoire et plus flou. L'examen par des méthodes empiriques des rapports entre aire d'influence des foyers urbains majeurs et aires polarisées par les villes subordonnées ou de niveau intermédiaire doit permettre de vérifier si une bonne concordance se dégage entre les propositions d'organisation mises en évidence par la logique du modèle et les situations réelles rencontrées.

1. LES ESPACES D'ATTRACTION AU NIVEAU DES CENTRES MAJEURS

1.1. Les critères retenus

Il a été exposé, dans l'introduction générale, la place conférée dans la définition de la région au rôle organisateur des centres urbains majeurs "dispensateurs de services rares". Dans le cadre de cette recherche, il ne pouvait être question de s'engager dans une enquête exhaustive visant à dégager les aires ainsi polarisées par les métropoles de toute l'Europe Occidentale, d'autant que divers travaux faisant autorité avaient été publiés sur ce sujet. Cela a incité l'ERA 214 à utiliser d'emblée les études réalisées par les meilleurs connaisseurs des organisations régionales dans les pays examinés. En dépit d'une certaine hétérogénéité des démarches, la convergence des objectifs des auteurs utilisés donne suffisamment de fiabilité aux résultats qu'ils proposent.

On a regroupé, dans le tableau ci-dessous, la présentation des sources auxquelles on a eu principalement recours pour cet aspect de l'étude, et sur lesquels on s'est appuyé pour établir la carte n°10 qui en visualise les éléments.

Tableau n° 8 : Sources utilisées pour la détermination des aires d'attraction des centres majeurs en Europe Occidentale

PAYS	SOURCE DOCUMENTAIRE	DENOMINATION DES CENTRES MAJEURS RETENUS
FRANCE	-J. HAUTREUX et M. ROCHEFORT : La fonction régionale dans l'armature française. Minist. Construction 1964 (ronéo) -J. HAUTREUX et M. ROCHEFORT : Physionomie générale de l'armature urbaine française. Ann. de Géogr. 1965, n° 406	1. Métropoles 2. Centres régionaux de plein exercice
R.F.A.	-G. KLUCZKA : Zentrale Orte und Zentralörtliche Bereiche mittlerer und höherer Stufen der Bundesrepublik Deutschland. Bundesforschungsanstalt für Landeskunde und Raumordnung, Bonn, 1970.	1. Grosszentren Zentrale Orte höchster Stufe 2. Zentrale Orte höherer Stufe
PAYS-BAS	-Rijksplanologische Dienst. Jahresverlag 1971. S'Gravenhage 1972. -J.C. BOYER : Etudes sur la fonction commerciale des villes néerlandaises. Hommes et Terres du Nord, Lille, 1971.	Centres de niveau 1

BELGIQUE	-J.A. SPORCK : Hiérarchie des villes et leur hiérarchisation en réseau. Univ. Liège, 1966.	Centres 1
SUISSE	-G. COLIN : La Suisse. Inst. Géo. Reims, CDU, Paris, 1970 -R. LEBEAU : La Suisse. Coll. Géo. des Etats. Masson, 1975.	Métropoles régionales

Par hypothèse, on a retenu pour caractériser les espaces fonctionnels majeurs à l'échelle régionale, le rayonnement des "métropoles" ou des "foyers de centralité supérieure" dans les grands Etats et, afin d'éviter une simplification excessive des représentations, on a également été amené à prendre en compte dans certains cas des centres hiérarchiquement placés au niveau immédiatement inférieur pourvu que leurs niveaux de services soient complets (cf. les "centres régionaux de plein exercice" de Messieurs Hautreux et Rochefort pour la France, ou des foyers importants et bien affirmés en R.F.A., foyers de centralité supérieure mais non majeure).

Par souci d'adéquation avec la réalité concrète de la vie de relations, il a paru utile en outre de nuancer les indications obtenues, là où les accessibilités pouvaient intervenir, par la prise en considération d'isochrones calculés sur la base de deux heures par voie ferrée. Important pour la France, ce critère a permis de ne considérer comme régions animées par un centre majeur que les parties des aires de dépendance d'une métropole selon Hautreux et Rochefort qui se trouvent effectivement en état d'être réellement intégrées à elle. Les zones de non-recouvrement ont été alors considérées comme "marges" des zones d'influence métropolisées. En R.F.A., les marges sont définies par une position bordière des espaces sous la dépendance des centres majeurs, et par l'absence de rattachement à un foyer de centralité moyenne.

De la sorte, le découpage de l'espace en aires d'influence qui est présenté sur la carte n° 10 nuance autant que possible, avec l'aide de sources d'informations ou de critères complémentaires, les délimitations établies par les auteurs des travaux les plus généraux.

1.2. Les types apparents

D'assez nets contrastes apparaissent dans l'organisation fonctionnelle de l'espace ouest européen à l'échelle de ces grandes régions fondées sur les centralités supérieures.

a) <u>La région centrée sur Paris</u>, compte tenu de l'attractivité renforcée que vaut à ce foyer majeur son rôle de capitale et son accessibilité exceptionnelle, acquiert une dimension remarquable, surtout si l'on ne retenait pour en définir les limites que les contours des métropoles affirmées qui l'entourent : Lille, Nantes, Bordeaux, Toulouse, Lyon et Metz-Nancy. Néanmoins, même restreinte à l'aire comprise dans l'isochrone de deux heures autour de la capitale, la zone directement dépendante de Paris est la plus étendue de toutes. Le caractère dominant de la ville multimillionnaire a réduit au rang de capitales incomplètes bien des villes situées à plus de deux heures de Paris. Dijon, Clermont-Ferrand, Limoges, Rennes n'ont pas une capacité d'intégration spatiale suffisante pour leur permettre de se délier d'une influence parisienne venant interférer sur leur propre zone d'attraction.
Ainsi, ce type de région est de structure bien particulière. Si l'isochrone de deux heures donne une représentation de l'ensemble étroitement solidaire que composent la région parisienne au sens strict et les aires incomplètement affirmées des "villes de la couronne" (Amiens, Reims, Troyes, Orléans, Tours, Rouen et Caen), il y a lieu de considérer que la "très grande région parisienne" acquiert au-delà une extension très considérable, tant vers l'Ouest (Rennes) que vers le Centre Ouest et le Massif Central ou la Bourgogne ou l'Ardenne. On retrouve dans cette représentation la confirmation de l'image donnée par l'application du modèle gravitaire à l'espace parisien, avec son organisation caractérisée par l'inclusion d'espaces centrés subordonnés (voir p. 44 et carte n° 9).

b) <u>Les espaces périphériques français</u> montrent des organisations en régions potentiellement vastes autour de Nantes, Bordeaux, Toulouse ou Marseille. Mais la modification apportée par l'introduction des isochrones ferroviaires démontre que ces métropoles ne dominent pas la totalité de leurs zones d'influence supposées. Les marges mal intégrées, faute d'accessibilité suffisante, occupent une place notable, sans que des centres de niveau de centralité immédiatement

Carte N 10

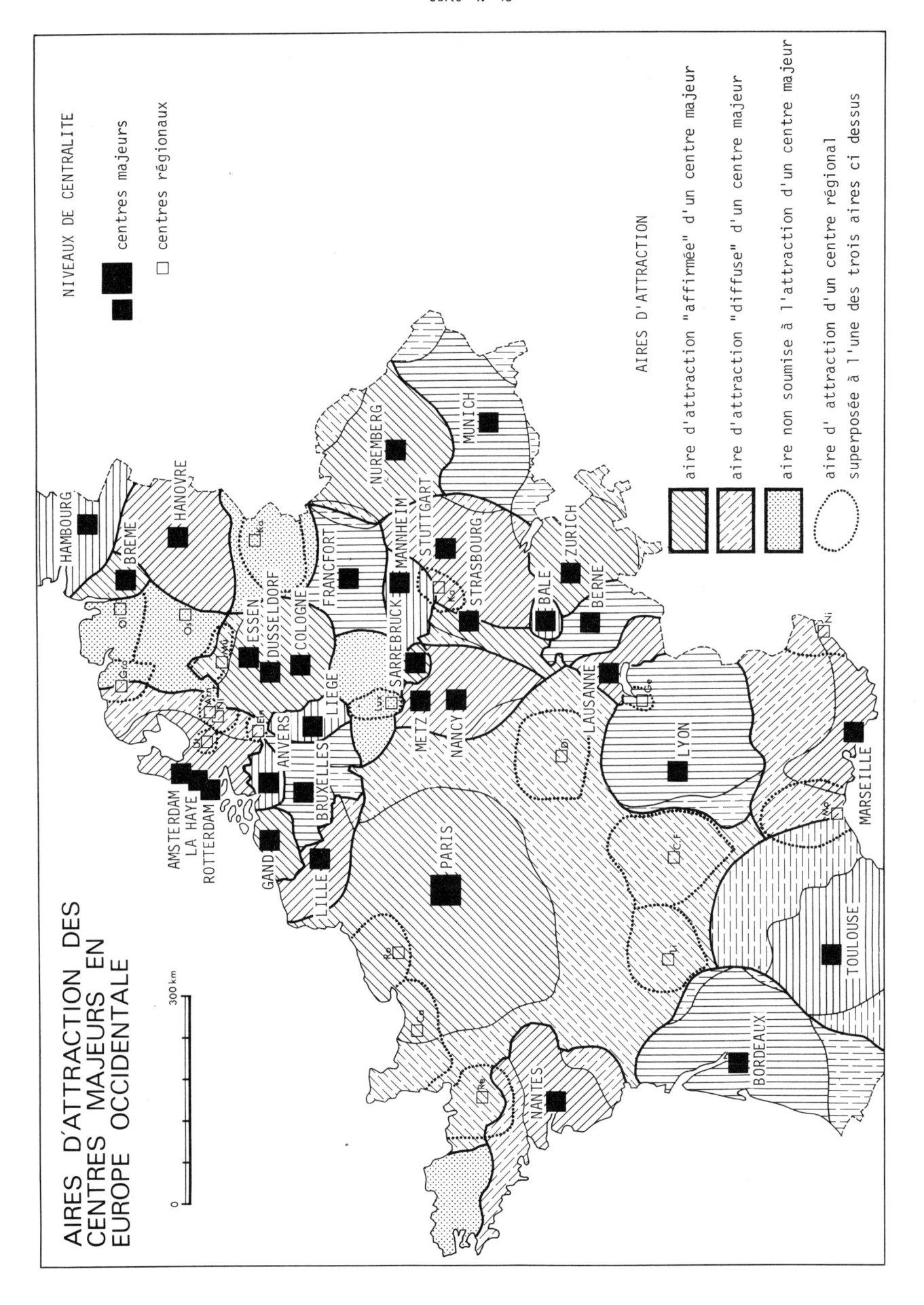

AIRES D'ATTRACTION DES CENTRES MAJEURS EN EUROPE OCCIDENTALE

NIVEAUX DE CENTRALITE
- ■ centres majeurs
- □ centres régionaux

AIRES D'ATTRACTION
- aire d'attraction "affirmée" d'un centre majeur
- aire d'attraction "diffuse" d'un centre majeur
- aire non soumise à l'attraction d'un centre majeur
- aire d'attraction d'un centre régional superposée à l'une des trois aires ci dessus

Villes: HAMBOURG, BREME, HANOVRE, AMSTERDAM, LA HAYE, ROTTERDAM, GAND, ANVERS, BRUXELLES, LILLE, ESSEN, DUSSELDORF, COLOGNE, LIEGE, FRANCFORT, SARREBRUCK, MANNHEIM, NUREMBERG, STUTTGART, MUNICH, STRASBOURG, METZ, NANCY, BALE, ZURICH, BERNE, LAUSANNE, PARIS, LYON, NANTES, BORDEAUX, TOULOUSE, MARSEILLE

inférieure aient pu s'y affirmer. Seule Montpellier se signale comme "centre régional" entre les aires de Toulouse et de Marseille. Lyon présente, dans cette périphérie, un cas particulier de métropole intégrant assez bien l'ensemble de sa zone d'influence. On retrouve ici l'originalité rhodanienne que l'on avait déjà distingué en première partie au sein de l'unité atlantico-méditerranéenne, par ses traits de dynamisme démographique et d'activité économique, et qui correspond assez bien aux caractères théoriques définis pour les gabarits de type périphérique au stade d'évolution plus avancé (voir p. 35).

Tableau n° 9 : Gabarit des régions métropolisées d'Europe occidentale.

Région de	Population régionale (estimation) en Millions	Population régionale corrigée (estimation)	Population des centres majeurs	Surface (estimation) km2	Surface rectifiée (estimation) km2
Paris	25,1	15	8,18	251 000	90 000
Zurich	3,17	2,77	0,42	22 400	16 200
Berne	1,32	1,25	0,16	8 550	8 450
Bâle	0,72	0,7	0,21	1 300	1 250
Lausanne	0,96	-	0,14	6 450	-
Strasbourg	1,54	1,73	0,35	10 000	10 000
Mannheim	2,10	-	0,63	5 900	5 900
Francfort	3,77	3,70	0,66	10 500	10 000
Cologne/Dussel-dorf/Essen	(13,3)	(12,26)	(2,19)	(16 800)	-
Liège	1,21		0,55	5 900	-
Bruxelles	4,58		1,10	16 100	15 800
Lille	3,60	3,78	0,88	14 700	15 000
Anvers	1,71		0,75	3 200	-
Gand	1,81		0,35	4 800	-
Randstad Holland	(9,53)	(7,86)	2,34	(31 100)	(19 000)
Nantes	2,17	1,59	0,50	28 000	16 000
Bordeaux	2,91	2,14	0,55	58 600	47 800
Toulouse	2,74	1,88	0,44	68 900	46 800
Marseille	4,47	3,26	0,96	40 000	14 000
Lyon	4,62	4,79	1,07	45 000	49 000
Hambourg	4,96		1,78	18 200	18 200
Brême	1,42		0,60	7 400	7 400
Hanovre	3,95		0,52	16 000	15 000
Nuremberg	2,97	2,63	0,48	25 000	22 400
Munich	5,13	4,96	1,34	31 300	28 900
Stuttgart	6,91	6,65	0,63	16 000	12 000
Nancy-Metz	2,15	2,11	0,56	20 800	18 800

N.B. Le lecteur trouvera sans peine dans ce tableau récapitulatif de gabarits réels des ordres de grandeur voisins des gabarits théoriques évalués p.36. Les écarts les plus forts se rapportent aux régions frontalières, anormalement réduites par les contraintes qu'elles représentent, ou aux unités commandées par un système urbain de "conurbation" qu'il aurait été vain de décomposer à ce niveau en autant de "régions" que de centres majeurs, du fait des imbrications et recouvrements inévitables. Ce tableau met aussi en lumière le cas spécifique des espaces bordiers, orientaux surtout, du domaine rhénan ; les gabarits s'y révèlent intermédiaires entre les valeurs théoriques ou réelles du système rhénan et celles qui ressortent du type périphérique -surtout occidental-.

c) Les régions de Lorraine et du Nord, et davantage encore la région alsacienne ressortent avec des tailles relativement moindres, et aussi avec des marges fort réduites, ce qui les rapproche de l'organisation régionale prédominante <u>dans l'espace rhénan</u> au sens large. De Anvers-Amsterdam à Berne-Zurich s'égrènent nombre de villes métropoles et villes maîtresses organisant autour d'elles la vie de relations en cellules de dimension restreinte, les plus petites étant frontalières bien souvent (Luxembourg, Bâle, Genève, Sarrebrück). Presque tout l'espace est réparti dans les zones d'influence de villes importantes, sauf l'Ardenne belge ou le Massif schisteux rhénan. Peu de territoires marginalisés, l'Est néerlandais faisant exception. On retrouve bien ici les caractéristiques du modèle théorique rhénan décrit en deuxième partie (voir p. 33) avec sa richesse en métropoles, que complètent occasionnellement certaines villes moyennes (Luxembourg, Karlsruhe, Eindhoven). La carte représente certes quelques entités plus étendues. Mais tant pour la Randstad Holland que pour l'ensemble de la Ruhr et de Cologne-Dusseldorf, cela tient à une interpénétration des espaces polarisés par des véritables régions urbaines, réalisée par ailleurs encore autour du complexe Francfort-Wiesbaden, Mayence, Darmstadt.

d) <u>A l'Est de l'axe rhénan</u> stricto sensu, la dimension des régions s'accroît notablement par comparaison avec les unités précédentes. Hambourg, Hanovre, Nuremberg, Munich et Stuttgart reflètent sans aucun doute une structure différente, moins dense dans son réseau de villes maîtresses, et intégrant médiocrement les marges orientales, plus rurales. Une armature urbaine distincte, aux échelons hiérarchiques moins nourris aux niveaux intermédiaires rend compte de cette situation, qui par certains côtés, appelle la comparaison avec les périphéries occidentales françaises tout en présentant des facteurs de développement plus puissants. Et, comme la réflexion théorique le laissait prévoir (cf. p. 35), le processus de développement peut y reproduire le "type parisien" cf. Munich, voire Hambourg.

Le cas de la région de Stuttgart est un peu particulier, de transition entre le modèle rhénan (par son taux élevé d'urbanisation) et celui de la Bavière (par l'absence d'émergence de centres intermédiaires de taille suffisante) sauf Karlsruhe. Aussi on a individualisé volontairement en son sein la zone dépendante de Karlsruhe, franchement rhénane et bénéficiant des équipements tertiaires de haut niveau de cette grande ville (1).

Au total, la désignation et l'évaluation des espaces métropolisés en Europe occidentale montrent à l'évidence des gabarits corroborant l'hypothèse que les différentes natures d'espaces impliquent des modes d'organisation propre de la fonctionnalité à ce niveau des régions de relations. Certes ces indications résultent d'enquêtes et de démarches empiriques ; certes encore l'attractivité des capitales régionales ne supprime pas tout rôle régional ou sous-régional pour des centres dotés de services moins rares. Il y a donc lieu de prolonger cette première analyse par des études plus fines et par la mise en oeuvre d'autres méthodologies. Du moins pour l'instant peut-on constater que les propositions théoriques exposées en deuxième partie trouvent ici une première vérification.

2. LES CELLULES FONCTIONNELLES DE NIVEAU INTERMEDIAIRE

La recherche sur les régions définies en fonction de l'attraction des centres supérieurs vient de montrer surtout une dimension de cadres fonctionnels établie sur les champs de recours aux services caractéristiques du niveau métropolitain (ou des "centres régionaux de plein exercice"). Mais on ressent aussitôt la nécessité fondamentale d'aller plus avant dans la connaissance de la structure interne de telles régions. Une chose est d'évaluer la dimension d'un cadre régional, une autre est d'en préciser le contenu et l'articulation de détail. C'est pourquoi un pas supplémentaire doit être fait

---
(1) On doit en particulier souligner la présence d'une Université, de la Haute Cour Fédérale de Justice, et d'un niveau commercial élevé et diversifié. Stuttgart a sans doute un poids économique global supérieur, mais au plan des éléments de la vie de relation le partage proposé, appuyé par ailleurs sur le "Raumordnungsplan für die Region der Planungsgemeinschaft Zentrales Oberrheingebiet" publié par le Prof. A. BAYER (71/72) est bien justifié.

vers la définition des espaces fonctionnels internes, notamment dans leurs rapports avec les réseaux urbains régionaux.

Pour les différents niveaux de villes, nombreux sont les travaux de recherche éclairant soit les zones d'attraction, soit les polarisations. Mais cette littérature abondante est fort hétérogène, tant au plan des critères retenus que des méthodes utilisées. Notre démarche va devoir s'organiser de ce fait par approches successives et se limiter à des critères pouvant être appliqués avec une certaine fiabilité à l'ensemble des territoires couverts dans notre étude. On a retenu à cet effet :
- une analyse des polarisations engendrées par l'attraction commerciale des centres, significative d'échelles plus fines de la fonctionnalité, mais limitée à l'un de ses aspects seulement,
- un examen des relations plus synthétiquement exprimées par les trafics routiers polarisés.

L'objectif majeur de ces deux approches est, fondamentalement, de préciser comment l'ensemble régional s'articule en sous-ensembles fonctionnels.

2.1. Les zones d'influence commerciale

a) Remarques préliminaires

On dispose, pour leur étude, d'une documentation abondante et relativement uniforme, ce qui explique que l'on ait retenu ce critère en première analyse. Le phénomène a été étudié en France et en R.F.A. par des méthodes similaires, qui sont par ailleurs voisines de celles utilisées dans des travaux belges et néerlandais.

Toutefois il importe de souligner d'emblée quelques limites. La première tient à la technique qui a été privilégiée. En France comme en R.F.A., ont été menées des enquêtes par questionnaires renseignés par des "observateurs privilégiés" dans chaque commune, sur les lieux de fréquentation des équipements commerciaux et de services. Outre que la transformation des réponses en données numériques fasse problème, on observera qu'il n'en ressort qu'un tableau statique et de représentativité limitée à la date de l'enquête. Or l'essentiel des renseignements collectés date des années 1960 à 1968, soit pour une bonne part antérieures à la floraison des grandes surfaces commerciales périurbaines (hypermarchés, shopping centers...). De plus, une difficulté importante surgit dès qu'il s'agit d'appliquer cette démarche dans les régions très urbanisées où les foyers urbains de plus de 5 000 habitants sont nombreux. Enfin, il y a quelque abus à vouloir dissocier les flux de fréquentation des commerces et services des autres types de flux de relations, avec lesquels il interfèrent de plus en plus. Il faut encore ajouter que la précision obtenue pour les achats les plus courants s'estompe quelque peu dès que cela concerne des recours plus occasionnels, pour lesquels les évasions sont plus fortes, les facteurs personnels plus puissants, les connaissances de l'observateur privilégié plus floues.

L'examen détaillé des travaux publiés appelle par ailleurs quelques nuances. En France, les études, menées selon la "méthode Piatier" n'ont pas toute l'homogénéité souhaitée, notamment du fait d'un échelonnement important dans le temps (1957 à 1967) ; d'autre part certaines disparités locales ont été "gommées" par la représentation cartographique, ou n'ont pas été vérifiées. Ces défauts disparaissent dans les enquêtes de R.F.A., toutes effectuées en 1967-1968, et complétées par davantage de vérifications sur le terrain.

Pour le Benelux, les sources sont inégales. La hiérarchie et la zone d'influence des centres a bien été établie en Belgique par des enquêtes analogues à la méthode Piatier (1965). A défaut d'éléments comparables, on a dû s'en tenir, pour les Pays-Bas, à une confrontation des zones d'attraction de main d'oeuvre, de l'étude de J.P. Boyer sur la fonction commerciale des villes, et des recherches sur les "régions empiriques de services" de J. Buursink.

Malgré les insuffisances qui viennent d'être relevées, il apparaît que l'on a grosso modo une image valable, quoique un peu vieillie déjà des aires polarisées selon le critère des flux commerciaux, pouvant être étendue, ce qui est rare et précieux, à l'échelle d'une grande part du territoire d'étude.

Rappelons encore de manière liminaire que n'ont été retenues que les zones d'influence dépassant les 100 000 habitants, ce qui conduit à examiner celles de nombreuses villes moyennes (environ de 50 000 hab.) jouant un rôle régional ou sous-régional. Ceci aboutit, du même coup, à prendre en compte pour les villes majeures essentiellement leur aire d'influence proche, au détriment de leur zone d'attraction étendue dans laquelle elles se trouvent en concurrence avec les villes moyennes voisines sur le plan des influences strictement commerciales.

b) <u>Les diverses physionomies des polarisations de chalandise</u>
    (cf. carte n° 11)

<u>Dans les espaces ouest-européens densément peuplés, dynamiques</u> sur les plans de l'urbanisation, de l'attraction démographique, des structures d'emploi, les traits significatifs suivants méritent d'être soulignés :

- le nombre élevé des centres suffisamment attractifs et l'intensité de la vie de relations s'accompagnent de l'organisation de la chalandise en cellules souvent assez réduites en gabarits territoriaux : moins de 4 000 km2 en général : sur 70 aires polarisées, on arrive en effet aux ventilations suivantes :

Pays	% de cellules dont les dimensions sont :	
	inférieures à 4000 km2	inférieures à 2500km2
R.F.A. (22 unités)	81,8 %	63,6 %
Benelux (22 unités)	env. 80 %	env. 50 %
France (32 unités)	74 %	61 %

- très peu d'étendues restent en dehors des cellules d'attraction commerciale dépassant la centaine de milliers d'habitants ce qui est à la fois l'expression d'une bonne accessibilité générale et d'une hiérarchisation entre centres de relation.

- Bien entendu existent des nuances, que l'on peut mettre en rapport avec des densités régionales variables au sein de ces espaces "forts" de l'Europe. En R.F.A., où 81,7 % des cellules ont des densités supérieures à 350 hab./km2 ; on arrive à des unités qui rassemblent dans leur aire plus de 400 000 habitants (91 %), la moitié ou presque comptant même plus du million d'habitants (jusqu'à 3 millions). De même note-t-on au Benelux 4 zones dépassant le million, et 10 sur 22 comptant au delà de 400 000 habitants. Du fait de moindres densités régionales (1) la France comporte pour sa part une majorité d'unités fonctionnelles ayant entre 300 et 800 000 habitants (51 %), tandis que les plus "lourdes" n'offrent que 16 % des situations mesurées ; en revanche, les unités de moins de 400 000 habitants comptent pour 28 %.

---

(1) Pour les trois quarts des zones d'influence individualisées, les densités sont inférieures à 200 hab./km2 et pour les deux tiers à 150 hab./km2 ; 6,5 % des cas atteignent des densités de type allemand ou belgo-neerlandais (+ de 350 hab./km2).

Pays: calcul sur nombre d'unités	Ventilation en % du poids des cellules en population			
	-de 200 000	200-400 000	+ 400 000	dont + 1 million
R.F.A. (22 unités)	0 %	9 %	91 %	46 %
Benelux (22 unités)	0	55	45	18
France (32 unités)	28	40	32	16

La combinaison des indications relatives aux populations concernées avec celles qui se réfèrent aux gabarits territoriaux montre que les nuances ainsi dégagées empiriquement marquent des degrés ou des stades dans le développement plus que des différences de natures d'espace. Car même lorsque les densités nationales et régionales sont plus faibles, les cellules polarisées les plus lourdes restent dans un gabarit territorial assez restreint (cf. cas de la France : 66 % des cellules plus de 400 000 hab. = inf. à 5 500 km2). Simplement alors les moins peuplées des unités ne sont organisées que sur des territoires de petite dimension (moins de 2 500 km2).

Au total les secteurs "forts" de l'Europe occidentale semblent devoir être caractérisés par leur modèle de polarisation en cellules nombreuses et actives de gabarit assez réduit, où se dégagent les seuils de 2 500 km2 max. autour des centres modestes et de 4 000 km2 max. pour les plus importantes de nos cellules ; celles-ci, en poids de populations, signalent les seuils empiriques de 200 000 et 400 000 hab. comme intéressants pour une comparaison avec les régions moins dynamiques.

Dans les régions "périphériques" et "faibles" de l'Europe occidentale, l'organisation des aires fonctionnelles déterminées sur le critère de la chalandise traduit bien le poids des déficiences d'accessibilité et des caractères du semis urbain, comme des distances entre les villes. Elle reflète aussi les incidences d'une vie de relations encore fortement marquée par la ruralité, et enregistre la faiblesse générale de la progression démographique et du développement économique.

Pour notre étude, nous avons rangé dans cette catégorie d'espaces les
cellules définies par l'attraction commerciale en France de l'Ouest (Poitou-
Charentes, Auvergne et Limousin, Aquitaine) et en Midi Méditerranéen auxquelles
on a ajouté la Corse. En R.F.A., les contrées "faibles", soit celles qui ont
eu des taux d'actifs agricoles encore voisins de 40 % jusqu'en 1950 (cf. 1ère
partie), ont été prises pour comparaison ; secteurs frontaliers orientaux surtout,
ainsi qu'Oldenbourg et Massif Schisteux Rhénan. Au total, cela conduit à
examiner 32 cellules polarisées en France, et 14 en RFA. On aurait souhaité
étudier également le Mezzogiorno italien, mais les données ont fait défaut.

∗ Les caractères les plus généraux pourraient brièvement se résumer ainsi :
- une forte variabilité des gabarits territoriaux, allant de moins de
  1 500 km2 à 15 000
- une faiblesse assez largement représentée quant aux gabarits de population,
  conséquence logique d'une accessibilité insuffisante, et en plusieurs
  contrées, d'une densité régionale réduite
- une proportion non négligeable de territoires non intégrés dans des cellules
  d'au moins 100 000 habitants étudiées ici (et l'on retrouve là le jeu des
  seuils d'accessibilité et de marché signalé en 2e partie)
- une place importante occupée par des pôles organisateurs de taille moyenne
  ou modeste. Dans la partie de la France considérée comme appartenant à
  ces espaces périphériques, les deux tiers des centres ont en effet moins
  de 100 000 habitants et c'est le cas également pour la moitié des villes de
  R.F.A. dans cette situation, presque tous restant inférieurs à 140 000 hab.

∗ Les nuances tiennent aux densités, au degré de développement économique, à
la place prise récemment par l'industrie diffuse, par rapport au poids des
traits ruraux. Dans la France de l'Ouest et du Midi, où 75 % des territoires
considérés ont moins de 100 hab./km2 ,pour que soient atteints les seuils de
clientèle ou de marché indispensables, il est nécessaire d'atteindre des
gabarits territoriaux importants. Ainsi, les seuils de marché de 200 000 hab.
imposent un dimensionnement généralement supérieur à 3 000 km2, et ceux de
400 000 hab. des gabarits qui, pour 86 % des cas, dépassent les 4 000 km2.
On notera que de telles populations (400 000 hab. et plus, mais jamais au delà
de 800 000) ne sont atteintes que dans 22 % des cas étudiés, lesquels dépassent
pour les trois quarts les 5 000 km2.
Même 43 % des unités de 200 à 400 000 hab. concernent des aires de 4 500 à
5 000 km2. On observera à l'inverse que lorsque le gabarit territorial demeure
en deçà de 4 000 km2, il est rare que la population des cellules dépasse les

CARTE N° 11

Aires d'attraction commerciale des principales agglomérations en France, R.F.A. et Benelux

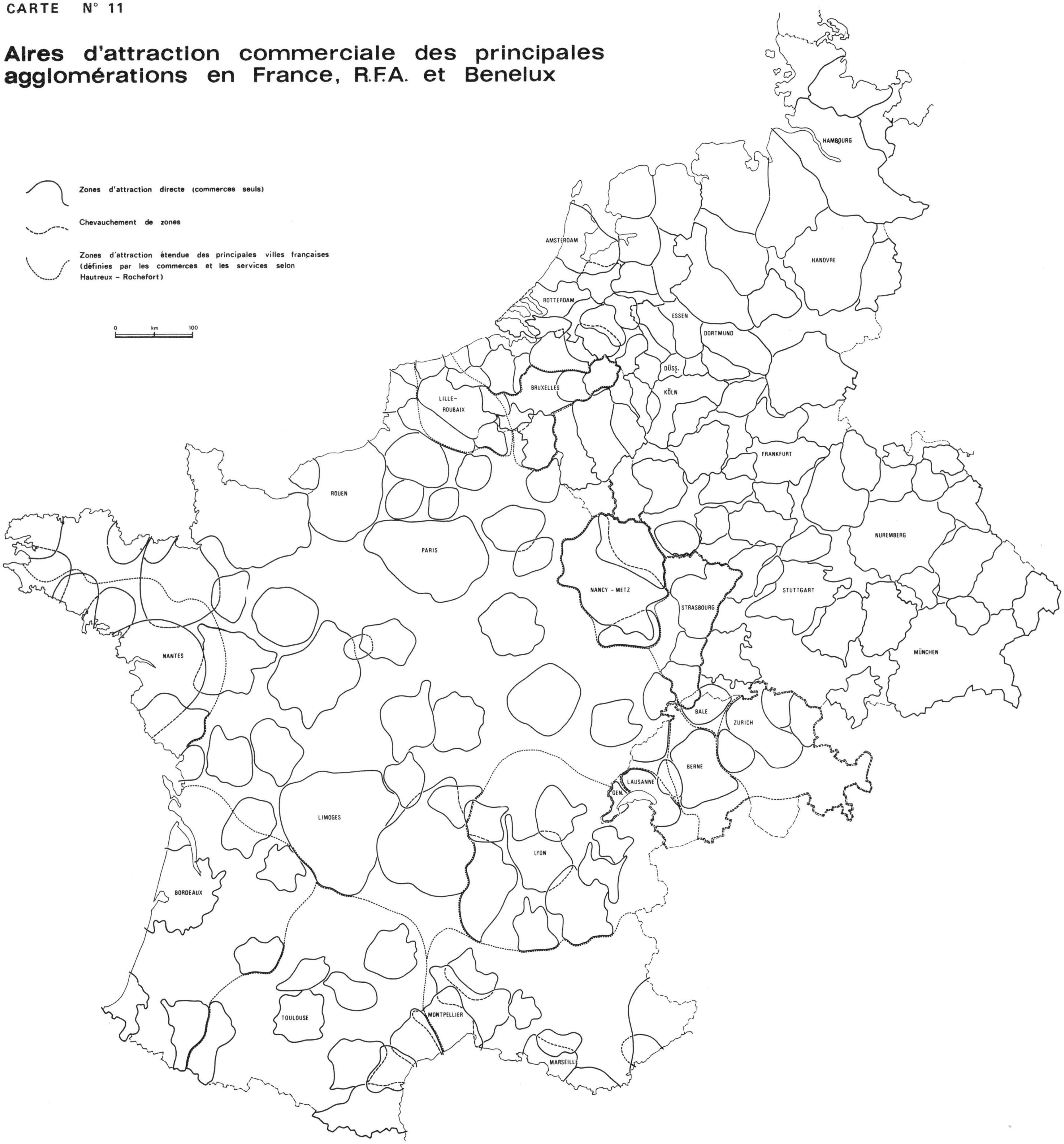

— Zones d'attraction directe (commerces seuls)

— Chevauchement de zones

···· Zones d'attraction étendue des principales villes françaises (définies par les commerces et les services selon Hautreux – Rochefort)

0 km 100

400 000 habitants : on y trouve en effet plus de la moitié de celles qui rassemblent entre 200 000 et 400 000 habitants et 82 % des unités de moins de 200 000 hab. (qui elles-mêmes représentent la moitié au moins des unités polarisées par la chalandise en espace périphérique français). En fait, on observe que bon nombre (59 %) des cellules de 100 à 200 000 habitants n'arrivent à s'étendre que sur des aires restreintes, de moins de 2 500 km2, compte tenu de la taille et de l'attractivité modestes des chefs-lieux. Elles n'offrent dans ces conditions que des marchés insuffisants pour une qualité ou un éventail de services.

Un stade un peu plus évolué est illustré par les espaces périphériques allemands ; grâce à une industrialisation et à une urbanisation supérieures, les densités sont plus fortes (50 % des cas ont entre 150 et 200 hab./km2, 29 % seulement ayant moins de 100 hab./km2). Dès lors, 4 cellules sur 5 peuvent dépasser les 200 000 habitants, 1 sur 2 se situant entre 200 et 400 000 habitants. Il n'empêche que, comme en France, le gabarit territorial demeure plus grand que dans les parties plus "développées" du pays : 43 % des cellules ont des tailles s'échelonnant entre 3 000 et 7 000 km2. Les plus petites dimensions concernent de même surtout les unités rassemblant moins de 200 000 habitants ; tandis qu'à l'inverse 3 des 4 plus importants en population dépassent les 5 000 km2.

c) <u>La signification des aires d'influence commerciale</u>

Au-delà des calculs, des comparaisons numériques et des classements qui en sont déduits, il faut essayer d'apprécier qualitativement les résultats obtenus. Le critère de la chalandise s'accommode bien avec la problématique théorique de notre 2e partie : vérification du jeu d'un seuil de marché (ou de clientèle) et intervention complémentaire de l'accessibilité. Mais l'analyse montre aussi qu'il faut faire une place à la taille des villes-centres, et à l'armature urbaine.

- <u>l'espace rhénan</u> frappe par une certaine constance de gabarit territorial, autour de 2 - 3 000 km2, gabarit modeste mais suffisant pour assurer une organisation satisfaisante, ne laissant pratiquement aucun territoire hors des cellules fonctionnelles. Mais on observera que, au plan des zones d'influence commerciale, les métropoles ne possèdent pas un rayonnement supérieur à celui des villes moyennes. Pour nous, cela signifie qu'ainsi nous avons plutôt évalué le gabarit de sous-région, la région s'exprimant par d'autres types de flux.

- de part et d'autre de cet espace rhénan, les zones d'influence commerciale s'étendent en dimensions territoriales, mais n'englobent pas pour autant tous les territoires au sein de leurs cellules. L'hétérogénéité des gabarits s'accroît, recouvrant celle des niveaux urbains qui servent de foyers d'attraction. Dans le cadre du type d'espace que nous avons qualifié de "parisien" on lit la faiblesse de centralité des villes proches de la capitale dans l'absence de polarisations de plus de 100 000 habitants, et, en revanche, on voit l'importance du rôle de relais dévolu aux "villes de la couronne". Du côté allemand, les différences de gabarits sont assez étroitement en rapport avec les niveaux de centralité. Sans le hiatus circum parisien on retrouve autour de Munich, de Nuremberg, l'organisation des espaces polarisés partagée entre la grande ville centrale et les relais.

- Dans les traits observés dans les espaces périphériques, l'hétérogénéité des gabarits est encore plus grande, les aires de polarisation inférieures à 100 000 habitants encore plus étendues. N'y a-t-il que la trace de retards d'un stade d'évolution ? En tous cas au moins la preuve d'un inégal avancement dans les processus d'intégration. Parmi les centres d'attraction commerciale, il en est qui surclassent nettement les autres pour leur population ; or, leur attractivité commerciale est inégalement exprimée. Autour de Lyon se lit une organisation de relais assurant une assez bonne intégration en sous-régions. Par contre, Marseille est loin de disposer d'un tel réseau ; Toulouse de même ; mais on peut se demander si de telles villes, une fois mieux desservies, n'intégreront pas alors les cellules voisines au lieu de partager avec elles les fonctions régionales. Inégale organisation de l'espace, telle est encore la signification des concurrences entre villes d'importance variable, au long des façades maritimes bretonnes et languedociennes, où l'on voit des centres substituer leur attraction à celle d'une capitale disputée, jusqu'ici mal à même d'étendre son rayonnement. Faiblesse d'organisation enfin perçue au travers des extensions anormales, faute de centres relais suffisants, d'un Limoges ou d'un Caen.

Ici, l'espace fonctionnel apparaît bâti, dans ces conditions, selon une trame de sous-régions, se substituant à l'échelle d'organisation régionale proprement dite, mais dont l'extension est variable au gré des densités, des situations de concurrence ou de non concurrence, et des accessibilités.

2.2. Les espaces centrés selon les trafics routiers

L'importance croissante de la route est à la mesure de la croissance des échanges interurbains, de la diffusion toujours plus grande des localisations industrielles comme des progrès constants de la mobilité des personnes et des biens. A côté toutefois de ce rôle d'échange on admettra que la route est également un puissant vecteur de l'intégration spatiale à partir des centres urbains. Les trafics s'accroissent régulièrement autour d'eux d'une masse de déplacements significative de leur rayonnement. Un indice commode de l'aire de rayonnement d'une ville est donné par le volume croissant de la criculation routière à mesure qu'on s'en rapproche. Lorsque sur un itinéraire le trafic quotidien diminue pour augmenter ensuite, on peut dire qu'on a franchi la limite entre les zones d'influence des deux centres voisins qu'il réunit. Si au contraire, l'accroissement est continu d'un centre A à un centre B, on peut penser que A est intégré à la zone d'influence de B. Il est donc possible de découper le territoire en aires qui reflètent des espaces fonctionnels. On s'y est employé en utilisant les trafics routiers de 1970 en France et en R.F.A. On a délimité ainsi des unités fonctionnelles cernées par la liaison des différents points les plus bas des trafics observés sur les branches principales des carrefours urbains. (cf. cartes n° 12 et 13).

a) Gabarits territoriaux des unités polarisées

L'une des caractéristiques qui ressort d'emblée de la comparaison globale des cellules de trafic est leur différence de taille en France et en R.F.A. Si on l'exprimait par une moyenne, le gabarit allemand serait de 1 260 km2, contre 3 850 km2 en France. En R.F.A., en effet, 40 cellules sur 53 couvrent moins de 1 500 km2 alors que cette valeur ne concerne que 13 des 62 unités individualisées en France. C'est que la densité des villes-carrefours est supérieure en R.F.A., ce que laissait supposer déjà la carte du semis urbain (cf. 1e partie). La proximité raccourcit l'aire d'extension des trafics polarisés par les centres. Au contraire, le caractère plus lâche du semis urbain principal français élimine cette concurrence et permet l'extension des zones de trafics. L'observation plus détaillée de la répartition et de la taille des cellules permet toutefois de nuancer cette appréciation générale. Au sein de la R.F.A., déjà, s'observe la multiplication des cellules d'une taille très restreinte. Toutes celles qui sont situées le long du Rhin de Duisbourg à Fribourg-en-Brisgau ont une taille respective moyenne de 900 km2, et de ce fait nettement inférieure à la taille moyenne des cellules allemandes (1260 km2). Elles sont en particulier bien plus exiguës que les cellules polarisées par certains grands centres tels que Munich (3 600 km2), Nuremberg (4 800 km2), Wurzbourg (3 200 km2) ou Hambourg (2 900 km2).

En France, de la même façon, plusieurs types peuvent être distingués. Si le Nord et le Nord-Est se rapprochent du type rhénan, le système parisien est bien différent. L'accessibilité exceptionnelle de Paris dote la capitale d'une aire polarisée de 18 900 km2, d'obédience directe, et cernée par les cellules de trafic polarisé par les grandes villes de la "couronne". Leur distance relative de Paris, les distances qui les séparent, mais aussi la faiblesse des niveaux urbains qui leur sont subordonnés leur permettent d'étendre leur rôle sur plus de 3 000 km2, Reims, Troyes, Tours, le Mans allant jusqu'à 4 à 8 000 km2.

Au-delà vers l'Ouest, le Sud Ouest, l'hétérogénéité des dimensions est flagrante. On lit vraiment le rôle de la taille démographique et la place économique de quelques centres majeurs : Lyon (9 700 km2), Bordeaux (13 200), Toulouse (8 800), Marseille (4 600) ou de capitales régionales incomplètes (Rennes 7 600). Entre ces cellules principales, des unités de 2 à 4 000 km2 sont de taille plus grande que celles de l'espace rhénan pour des villes-carrefours d'importance cependant plus modeste. Enfin, Béziers, Montpellier, Nîmes, Avignon, par leurs gabarits de l'ordre de 1 500 km2, rappellent les dimensions rhénanes, sans autre similitude de structure pourtant qu'une disposition de piedmont.

Ainsi la carte des cellules de trafic polarisé par les principaux centres urbains corrobore, à sa manière mais à nouveau, l'existence de domaines au sein desquels se répètent certains caractères dimensionnels d'organisation de la vie de relations.

b) Relations entre gabarits territoriaux et problématique de la région

A l'analyse, il apparaît que l'extension d'une zone polarisée mesurée par les trafics n'exprime pas de relation directe entre sa taille et l'importance en population du foyer urbain qui est l'élément dominant et organisateur. Cela conduit à s'interroger sur la réalité de l'organisation spatiale recouverte par les gabarits ainsi exprimés. Car sans aucun doute, les espaces polarisés mis ainsi en évidence sont hétérogènes, et n'offrent ni une structure ni un stade d'intégration régionale forcément voisins.

AIRES D'ATTRACTION DES TRAFICS ROUTIERS

R.F.A. 1970

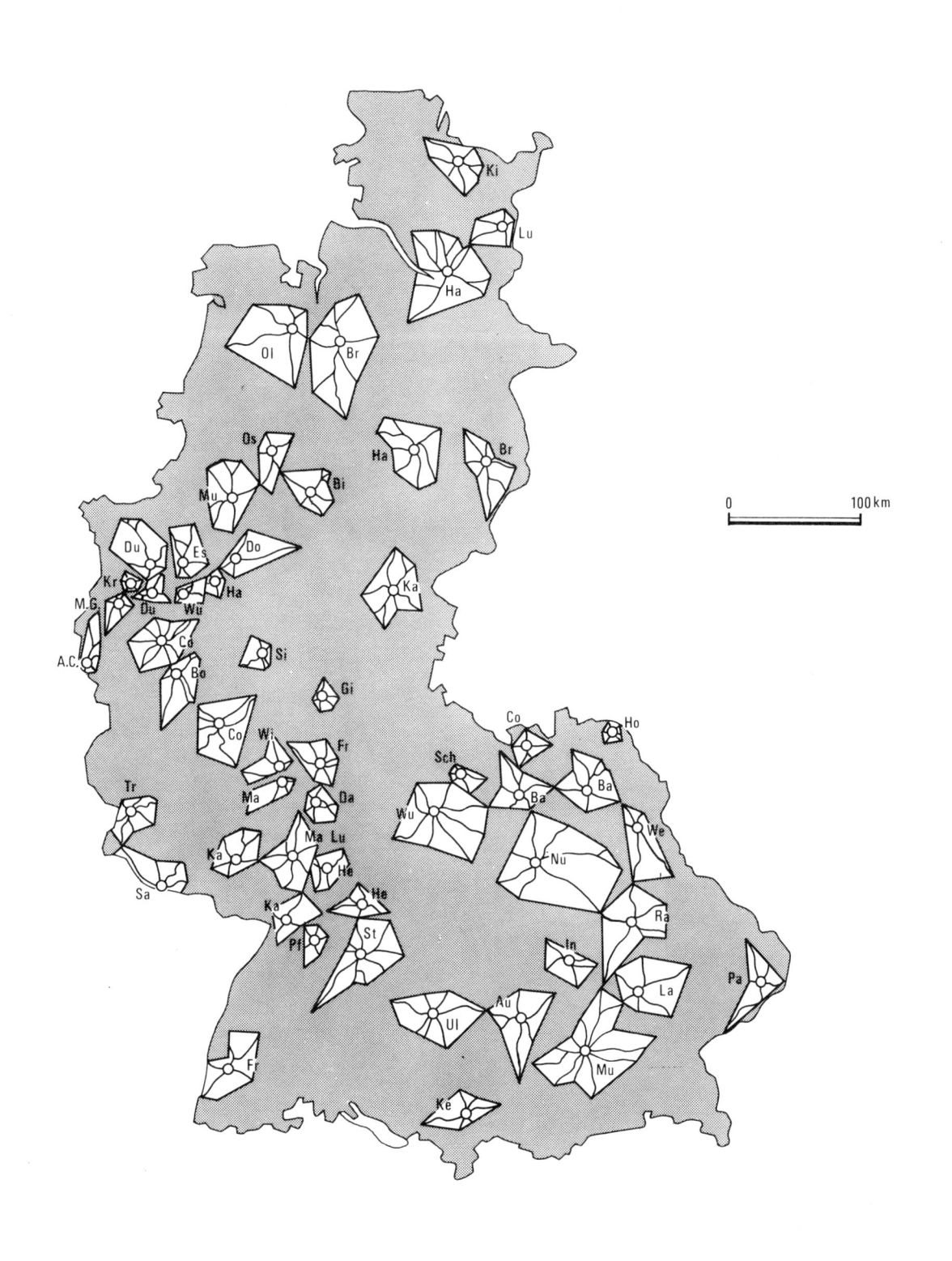

Carte N 13

AIRES D'ATTRACTION DES TRAFICS ROUTIERS
FRANCE 1970

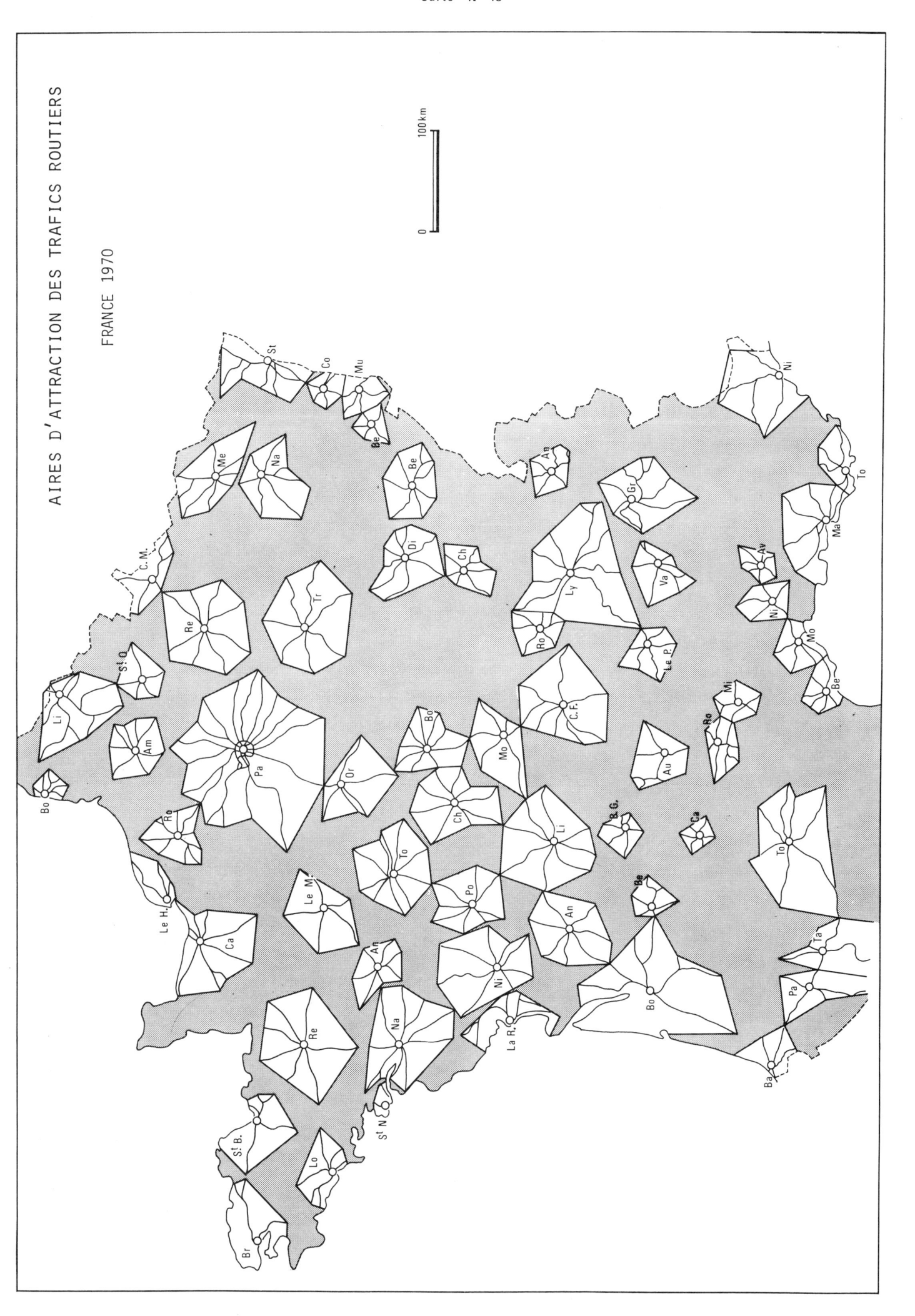

Ainsi, l'exiguité des cellules définies dans l'espace rhénan paraît signifier une certaine affirmation de la vie de relation à l'échelle sous-régionale, par rapport aux aires intégrées par les fonctions métropolitaines. Le semis serré des villes, les densités, le réseau hiérarchisé des centres n'aboutissent pas pour autant à une atomisation exagérée. On rencontre, en réalité, une juxtaposition de cellules vivantes qu'animent, selon un partage équilibré, les métropoles et leurs principaux relais. Les métropoles, ici, n'absorbent pas les espaces subordonnés au point de les effacer.

Très différente est la situation des espaces périphériques. Là, certaines grandes villes affirment leur prédominance ; Rennes, Nantes, Bordeaux, Toulouse révèlent, par les cellules polarisées de trafic, l'aire réelle de leur attraction régionale et du même coup, les faiblesses de leur capacité intégratrice dans l'état actuel de leur accessibilité et de leur rayonnement. Entre elles, et profitant du maillage lâche des grandes villes, comme de la hiérarchisation incomplète des réseaux, se dessinent des cellules autonomes. Les diversités de dimension sont alors à mettre en relation soit avec l'intervention éventuelle de concurrence (Languedoc), soit avec les rôles économiques acquis (ports, activités industrielles plus ou moins développées et diffusées, etc...).

Il est intéressant de comparer les résultats obtenus sur le critère des polarisations routières avec ceux qu'a fournis l'examen des aires d'attraction commerciale. On observera que les gabarits territoriaux y sont dans l'ensemble assez proches les uns des autres au sein de certaines catégories d'espaces, la dimension des cellules exprimées par les trafics routiers ressortant toutefois en général avec une taille légèrement plus grande. Ainsi, l'originalité des unités fonctionnelles rhénanes, avec leur gabarit restreint, se dégage nettement. Le Centre Ouest et le Sud Ouest de la France, qualifiés d'espaces "faibles", offrent, comme pour l'attraction commerciale, des cellules qui, eu égard au poids démographique souvent modeste de leurs centres organisateurs, sont comparativement plus vastes. On aboutit ici à un paradoxe apparent, qui est qu'un espace dans lequel l'intégration spatiale est plus avancée et l'urbanisation à la fois plus accusée et mieux hiérarchisée suscite des unités de polarisation moins étendues. Paradoxe qui n'est qu'apparent si l'on admet que l'expression recueillie est celle d'un niveau privilégié -mais d'un niveau seulement- de la fonctionnalité. Là où les réseaux urbains sont denses et hiérarchisés, s'exprime le gabarit sous-régional ; là où en revanche ces réseaux sont incomplètement structurés, l'image fournie est celle d'espaces plus ambigus, à mi-chemin entre la dimension régionale et celle de la sous-région.

3. TRAITS DE STRUCTURE INTERNE DES ESPACES FONCTIONNELS

Il est certes déjà intéressant de faire remarquer que des différenciations notables se marquent dans les modalités de partition de l'espace ouest-européen. Il y a là un encouragement à dépasser l'étude des dimensions territoriales et des poids démographiques globaux, pour vérifier si les distinctions faites se retrouvent ou non dans les structures internes. C'est ce qui va être partiellement entrepris maintenant.

A l'échelle de l'Europe occidentale, on ne pouvait raisonnablement espérer dans un court délai approcher les multiples facettes des structures régionales. Du moins est-il possible de rechercher les <u>indicateurs</u> de structure. On a retenu ici comme significatifs d'une part l'analyse du rapport numérique du poids des centres organisateurs au regard de l'ensemble de la population attirée ou influencée par eux, et d'autre part, l'étude des profils d'armature urbaine au sein des espaces fonctionnels.

3.1. Le poids des centres dans les espaces polarisés

A plusieurs reprises déjà, il a été question du poids des centres pour interpréter certains types de gabarits. Le moment est venu d'en faire l'examen systématique. On considère ici que le rapport existant entre le poids du centre (a) et la population attirée (b) pourra aider à dégager une certaine typologie des structures.

a) <u>Dans le cadre des aires d'attraction des centres majeurs</u>

On n'a retenu, lorsque le cas se présentait, que la zone d'attraction corrigée (soit par les isochrones de 2 h en France, soit par les indications fournies par nos sources d'informations sur les concurrences de centres importants ou sur les emprises incomplètes, notamment du fait de l'éloignement ou du relief) c'est-à-dire défalcation faite des zones marginalisées.

Il est alors intéressant de constater que dans les aires d'attraction des territoires comprenant l'espace rhénan au sens large, du Nord de la France à la Hollande, et de la mer du Nord à la Suisse, les rapports (a)/(b) se tiennent très majoritairement entre les valeurs 0,10 et de 0,4 (12 cas sur 16) ; il est clair que cela désigne une absence de prépondérance des villes primatiales, et un partage de répartition des populations dans un réseau urbain sans domination excessive (cf. tableau).

Tableau n° 10 a   Rapports entre population des centres et population attirée

région de	rapport (a)/(b)	région de	rapport (a)/(b)
Zurich	0,2	Sarrebruck	0,15
Berne	0,15	Cologne-Dusseldorf + Essen/Ruhr	0,25
Bâle	0,4		
Lausanne	0,2	Bruxelles	0,3
Mannheim Ludw. + Heidelberg	0,4	Liège	0,8
		Anvers	0,8
Francfort	0,2	Gand	0,25
Strasbourg	0,2	Amsterdam + Rotterdam + La Haye	0,35
Nancy-Metz	0,35		

N.B. : Rapports calculés à partir des populations estimées en 1968-1970, arrondis pour les valeurs décimales ou centésimales.

Les seules situation anormales concernent Liège et Anvers, probablement du fait de la place particulière, par rapport à leur environnement, de l'industrie qui expliquerait le poids anormal du centre majeur, ou du caractère plutôt rural de l'aire attirée.

Ces valeurs moyennes, autour de 0,2 - 0,3, contrastent avec ce que l'on rencontre dans les régions très dominées par un centre particulièrement attractif et actif, tel que Paris (1,2), Hambourg (0,6) ou Brême (0,7). Elles se distinguent un peu aussi des situations offertes par les régions en position périphérique, dans lesquelles la place de la métropole est en général légèrement plus affirmée.

Tableau n° 10 b   Rapports entre population des centres et population attirée

	rapport (a)/(b) région de		rapport (a)/(b) région de	
Nantes St-Nazaire	0,5	Munich	0,4	
Bordeaux	0,35	Nuremberg	0,2	
Toulouse	0,30	Lyon	0,3	
Marseille	0,4	Hambourg	0,6	

Certes l'écart est faible, en général, par rapport aux indications obtenues pour l'espace rhénan. Du moins peut-on observer que sauf pour Nuremberg et Hanovre (0,15) aucune situation ne place la capitale régionale à une valeur inférieure au quart de la population attirée, alors que cela est le cas dans la moitié des régions "rhénanes" au sens large.

Cette approche un peu sommaire se révèle donc déjà utile pour faire soupçonner des structures régionales de nature distincte. Pour aller plus avant, on a refait le même type de calcul pour les unités internes de ces grandes régions métropolisées.

b) **Dans le cadre des cellules fonctionnelles de niveau intermédiaire**

A ce niveau spatial, il faut signaler que l'interprétation doit être influencée par la nature des sources. Si en France et en Belgique les indications sur la population des centres moyens demeurent fournies à l'échelle d'agglomérations, en R.F.A. et aux Pays-Bas, on a dû s'en tenir à la population des villes (ce qui sous-évalue un peu le poids du foyer attractif en rejetant ses proches banlieues dans la zone extérieure attirée ; or on sait que l'étalement périurbain est important dans ces pays, même au niveau des centres de taille intermédiaire). Enfin, il faut rappeler que le fait de prendre en compte les cellules organisées autour de villes moyennes voire modestes, qui sont souvent ou parfois des relais des villes majeures, réduit dans cette approche du niveau intermédiaire le gabarit des zones d'influence que l'on attribue aux métropoles ou capitales régionales. La conséquence évidente en sera une tendance à réduire l'importance de la population attirée dans le rapport (a)/(b) de ces dernières.

- <u>Les traits particuliers des régions "périphériques" ou "atlantico-méditerranéennes"</u>
Dans l'espace français correspondant, englobant l'Ouest et le Centre-Ouest, le Sud-Ouest et le Languedoc, les caractères suivants peuvent être dégagés :

Sur 37 cellules étudiées, <u>l'éventail des rapports Pop. centre(a) / pop. attirée (b) est remarquablement ouvert,</u> dénotant en conséquence une diversité assez grande de situations.

Rapport a/b	Nombre de foyers	Exemples
< 0,40	6	Vannes, St-Malo, Caen, Limoges
0,40 - 0,60	9	Niort, Narbonne, Perpignan, Bastia
0,60 - 1,1	16	Périgueux, Poitiers, Albi, Pau
≥ 1,20	6	La Rochelle, Bordeaux, Bayonne, Toulouse

Le lieu n'est pas d'expliquer chaque cas (1). Du moins, il est aisé de noter que <u>le rapport démographique effectué ne révèle aucune relation avec la taille même de la ville-centre.</u> Il tient compte, tantôt de fonctions urbaines de caractère non régional (cf. activités portuaires), tantôt de la densité dans l'espace polarisé, ou de fonctions s'ajoutant à l'attractivité commerciale. Ainsi voit-on les ports les plus importants avoisiner ou dépasser la valeur 1 Brest(0,9) La Rochelle 1,5, Bayonne 1,6, Nantes 1,2, Bordeaux 2,2, les foyers secondaires de l'Aquitaine peu peuplée peser davantage que ceux de Bretagne (Agen ou Montauban 0,8, Quimper ou Vannes 0,2 ou 0,3).

<u>Le poids des très grandes villes se trouve très inégalement modifié</u> par la prise en compte des cellules des villes moyennes qui les entourent ; il semble que les capitales régionales n'aient pas partout le même poids relatif.

---

(1) On peut ainsi avoir des cas de villes de faibles poids démographiques les unes à rayonnement limité, les autres à rôle "régional" ou local accusé ; parmi les villes plus importantes, il en est à fonctions régionales nettes, d'autres étant des foyers dont le rôle économique n'est guère en rapport avec l'environnement, etc...

Celui de Toulouse (4), qui n'est cerné que de petites cellules de gabarit réduit, s'explique par un rôle d'attraction dominant sur sa grande région, un peu à la manière de Paris sur le Bassin Parisien toutes proportions gardées. Les rapports touchant Bordeaux (2,2) ou Nantes (1,2) ne sont pas sans enregistrer l'activité portuaire, responsable du poids démographique tout autant que le rôle régional, concurrencé lui-même par l'activité portuaire et les relations lointaines dans les préoccupations de ces cités. Par contre ce rôle régional s'exprime mieux dans les valeurs obtenues pour Rennes (0,33), Caen (0,4), Montpellier (0,8) dont les nuances sont en rapport avec la taille de l'aire polarisée et les densités régionales.

On notera enfin que les villes moyennes rayonnant sur plus de 200 000 habitants se placent majoritairement dans une fourchette de 0,6 à 1,1. On y trouve toutes les agglomérations suppléant dans un rôle "régional" à la métropolisation très imparfaite de cet ensemble du territoire français.

Provisoirement, on pourra retenir que les centres exerçant, dans ce type d'espace, un rôle régional plus ou moins affirmé, s'insèrent dans la fourchette des rapports compris entre 0,6 et 1.

On a volontairement disjoint, dans cette analyse, le cas de la région lyonnaise et du littoral méditerranéen à l'Est de Marseille. La première de ces entités doit à la taille de Lyon comme grande place d'affaires, d'une part, à la place de l'industrie dans la métropole comme dans ses "satellites" d'autre part, une modification importante des rapports (a)/(b). Lyon, qui selon notre mode de calcul est amputée dans son rayonnement des aires des villes moyennes dépendantes, atteint 2,8 ; St-Etienne, 1,95 ; Grenoble, 1,5 ; Roanne, 1, et Annecy, 1,3. Seules Valence, Bourg, Chambéry ont des indices de poids relatif réduit, mais alors tombant au-dessous de 0,3. Le cas lyonnais montre donc quelle importance dans les structures régionales des espaces périphériques peut jouer le fait du développement industriel localisé. Le passage à une structure plus équilibrée est sans doute lié à une diffusion plus générale de l'urbanisation et de l'industrialisation.

Différent est le sens des valeurs rencontrées dans le secteur méditerranéen animé par le tourisme : Nice (3,5), Cannes (1,8) expriment la situation qui découle d'un tourisme d'horizon international, fixé sur un cadre urbain.

- Les structures de l'espace rhénan

On peut englober ici tous les espaces qui du Grand Delta de la mer du Nord vont jusqu'à la Suisse ; ils englobent les espaces français du Nord et du

Rhin, mais on en a exclu les secteurs de bassins miniers (Ruhr, Sarre, Lorraine
du Nord, bassin franco-belge).

Cet ensemble d'aires polarisées, qui frappe déjà une certaines constance de gabarit territorial autour de 2 - 3 000 km2, se signale encore par des
rapports (a)/(b) relativement homogènes : en France, ils sont compris entre 0,5
et 1 à trois exceptions près (1), rapports qui, on vient de le voir pour le
type précédent, semblent traduire un assez bon équilibre. En Belgique, les
mêmes valeurs sont rencontrées pour les agglomérations moyennes (de 70 000 habitants au moins), les exceptions étant ici la capitale (Bruxelles 1,86), le
port principal (Anvers 2,25) et le foyer sidérurgique de Liège (1,86) (2).
En R.F.A. ce "style rhénan" (évalué, rappelons-le avec la population des villes
et non des agglomérations) se tient intégralement entre 0,30 et 0,60 avec la
seule exception de Wiesbaden (1,06).

Ainsi, il apparaît que les gabarits modestes des espaces polarisés
rhénans sont suffisants pour assurer une organisation satisfaisante des rapports
régionaux : l'homogénéité qui s'y rencontre coïncide avec celles des fortes
densités, et souligne bien à nos yeux l'originalité marquée de ce type d'organisation spatiale.

- Dans la région parisienne, on sait que les villes moyennes de cette vaste unité
ont été relancées par l'industrie décentralisée de la capitale, et se gonflent
maintenant de population alors que s'est dévitalisée, antérieurement à cette
relance, la vie de relations locale. Aussi est-il normal d'y relever des rapports
qui soulignent le poids renforcé des chefs-lieux : presque tous en effet se situent entre 0,9 et 2 (Orléans, Tours, Reims, Troyes, Amiens, St-Quentin). Ce n'est
qu'à une distance plus accusée que l'on retrouve des valeurs plus faibles
(Caen, Angers, Le Mans, Bourges, Nevers) mais qui sont alors inférieures à 0,4 ;
pour ces centres, cela signifierait peut-être un niveau de rôle régional limité.

Bien entendu, la place écrasante de Paris dans son environnement
immédiat est remarquablement soulignée par un rapport (a)/(b) supérieur à 6 :
cas unique que l'on ne voit approché en France que par Toulouse. Il aurait été
intéressant de pouvoir vérifier si un tel rapport se retrouverait dans les situations de même type, pour Madrid, ou Londres.

---

(1) qui s'expliquent fort bien : Boulogne (1,8) ; Belfort-Montbéliard (3,5); pour
Lille, Roubaix, Tourcoing (2,1), jouent l'individualisation des aires d'attraction de ses villes relais, et ses fonctions industrielles importantes.
(2) Si l'on faisait abstraction du niveau moyen des villes, et si l'on calculait le
rapport des grandes métropoles sur l'aire de leur rayonnement propre et partagé
avec les relais, on obtiendrait des valeurs comprises entre 0,3 et 0,8 pour
Bruxelles, Liège ou Anvers, et à peine supérieures à 1 pour Lille.

On a dû mettre à part le cas des territoires fortement marqués par la grande industrie. L'image qu'ils donnent est, en effet, complexe, les valeurs rencontrées étant très dispersées : dans la Ruhr, par exemple, elles s'échelonnent de 0,3 à 1,5 ; dans le bassin franco-belge, cela va de 0,4 (Mons, La Louvière) à 1,6 (Valenciennes). Les valeurs fortes peuvent y signifier que les centres principaux ont une population accrue par le fait industriel, sans que soit forcément organisée autour d'eux une vie régionale équilibrée ; les plus faibles pourraient signaler à l'inverse une forte densité régionale, l'émergence accusée d'un centre organisateur de la vie de relations faisant peut-être défaut. On peut rapprocher sans doute les rapports élevés trouvés pour les cellules des villes-ports des plus importants rencontrés dans ces espaces d'industrie (cf. en France : Nantes (1,2), Bordeaux (2,2) ou en R.F.A. -avec des valeurs plus basses du fait du système de calcul- Brême (0,7) et Hambourg (1,2).

A l'analyse, il ressort par conséquent assez bien que la typologie d'espaces dégagée de la réflexion théorique soit confirmée non seulement dans ses notions de gabarit mais encore par une première approche des structures internes. Néanmoins, on conviendra parfaitement que le critère jusqu'ici analysé demeure sommaire et que l'approche des structures doive, même empiriquement, être encore affinée. On va s'y efforcer par l'étude des types de réseaux urbains régionaux.

3.2. Types de réseaux urbains régionaux

Ayant admis en préliminaire de la recherche que l'enquête au niveau ouest européen ne pouvait embrasser toutes les formes d'articulation des activités à l'échelle régionale, il est apparu important d'éclairer au moins les traits de structure afférents aux pôles organisateurs des flux de relations. C'est pourquoi il a été jugé nécessaire de tenter de caractériser la structure du réseau urbain régional.

A priori, on pouvait penser que les grandes familles de domaines territoriaux définis dans la première partie recèlent suffisamment d'éléments individualisants pour que cela se reflète dans les rapports "hiérarchiques" des centres urbains, ne serait-ce que dans ceux qui se mesurent par les effectifs de population. Aussi s'est-on efforcé de mettre au point une méthode d'évaluation dont le maniement est applicable aux villes et aux régions des divers pays ouest-européens.

a) La démarche et la méthode

L'idée majeure retenue est de définir, dans les espaces fonctionnels délimités selon les critères antérieurement exposés, les écarts existant entre les cinq premières agglomérations (1) de chaque région ou cellule fonctionnelle. Chaque centre, classé selon le rang de sa population résidante, a été évalué par rapport aux autres. En un premier temps, on a calculé son "poids démographique" par rapport à la population totale des cinq premières villes, et on a établi la représentation graphique cf. cartes n° 15 (France) et n° 14 (R.F.A.). Ces cartes ont pour avantage de faciliter une visualisation de la plus ou moins grande disparité d'importance démographique des centres au sein d'un même espace fonctionnel, en même temps que peut être apprécié par les distances le degré de leur dispersion spatiale.

En un second temps, on a considéré que cela permettait l'élaboration dun "indice de concentration-dispersion". Un tel indice est obtenu en calculant en %, par rapport à la population du centre majeur, l'importance relative de chacun des quatre centres suivants en effectifs de population et en faisant la somme de ces pourcentages. Exemple : autour de Limoges (148 000 habitants) viennent par ordre d'importance décroissante Brive (50 000), Tulle (21 500), Guéret (13 000) et Saint-Junien (11 300). Leur poids en population, par rapport à Limoges étant respectivement évalué à 33,5 %, 14,5 %, 8,5 % et 7,6 %, l'indice de concentration-dispersion correspondant, pour cette région, est de 64,3. Plus cette somme est élevée, plus "la dispersion" -autrement dit l'équilibre relatif de ce lot de centres est affirmé. Au contraire, un indice faible souligne la part essentielle jouée par la ville primatiale dans l'organisation régionale.

Ces calculs ont été effectués à deux échelles spatiales : celle des régions définies par la zone d'influence des centres majeurs, figurée sur la carte n° 10, et celle des entités intermédiaires, c'est-à-dire des cellules fonctionnelles de plus de 100 000 habitants, dessinée à partir de l'attraction commerciale des centres (carte n° 11).

b) Les types les plus apparents de structure

★ Les résultats des calculs appliqués à l'échelle régionale définie à partir de la zone d'influence des centres majeurs montrent des différences fort significatives.

---
(1) En R.F.A., il s'agit des villes (Gemeinde).

Le cas exceptionnel de Paris se signale par l'accumulation de plus de 9 millions d'habitants dans les cinq premières agglomérations, mais avec un indice très bas de 12,5 (les données restent presque identiques si l'on ne prend en compte que l'espace inclus dans l'isochrone de deux heures). Ne se rapproche de cet indice particulièrement faible, caractéristique d'une dominance écrasante dans le système urbain régional, que Munich (avec 29,9) ; encore doit-on noter que le centre majeur n'atteint ici que 1,34 million d'habitants et l'ensemble des cinq premières villes 1,74 million d'habitants.

Par l'indice, seraient aussi très voisins, les systèmes de Toulouse et de Bordeaux, calculés dans la limite des isochrones de 2 h : respectivement 28,8 et 28,7 ; mais les effectifs de population sont, cette fois, plus modestes : 566 000 et 715 000 habitants. En fait, on a, avec ces deux cas, pénétré dans un ensemble de systèmes urbains significatifs des unités "périphériques" françaises dont les cinq villes de tête comptent en général pour moins de 750 000 habitants, où les indices sont inférieurs à 100.

Région de	Pop.5villes	Indice	Région de	Pop. 5 villes	Indice
Caen	295 400	93,8	Toulouse	566 000	28,8
Rennes	288 100	49,4	Montpellier	250 000	45,5
Nantes *	743 000	90	Marseille *	1 466 000	52,3
Bordeaux *	715 000	28,7	Nice	604 000	43,6

* régions prises dans les limites des isochrones de 2 h

Les régions périphériques allemandes offrent des indices comparables mais se distinguent par le poids plus accusé de la population de leurs 5 villes majeures, sauf dans le cas des unités individualisées autour de centres de rang immédiatement inférieur aux "Grosszentren".

Région de	Pop.5villes	Indice	Région de	Pop. 5 villes	Indice
Hambourg	2 503 000	41,7	Osnabruck	286 000	74,4
Brême	834 000	41,3	Munster	375 000	86,8
Hanovre	1 221 000	82,4	Kassel	342 400	60,7
Nuremberg	930 000	80,5			

Carte N 14

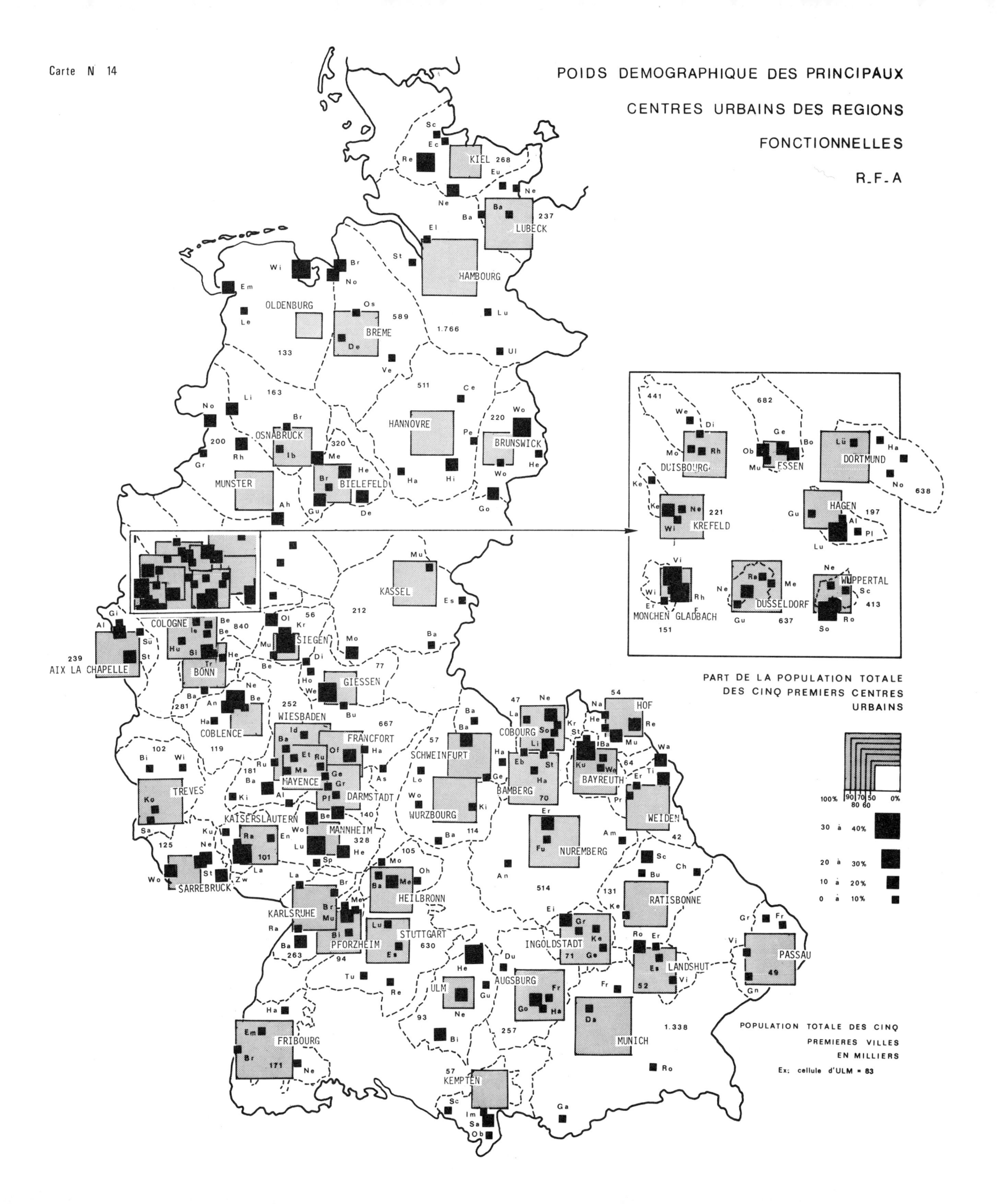

POIDS DEMOGRAPHIQUE DES PRINCIPAUX CENTRES URBAINS DES REGIONS FONCTIONNELLES R.F.A

POIDS DEMOGRAPHIQUE DES PRINCIPAUX CENTRES URBAINS DES REGIONS FONCTIONNELLES FRANCE

Carte N 15

PART DE LA POPULATION TOTALE DES CINQ PREMIERS CENTRES URBAINS

0% 50 70 90 100%
     60 80

- ■ 30 à 40%
- ■ 20 à 30%
- ▪ 10 à 20%
- ▪ 0 à 10%

POPULATION TOTALE DES CINQ PREMIERES VILLES EN MILLIERS
Ex: cellule de METZ = 481

Quoiqu'il en soit, le trait fondamental des régions périphériques, dans leur ensemble, est d'offrir une <u>organisation urbaine dominée par une place importante de l'agglomération primatiale</u> alors que les villes qui la suivent ne se situent qu'assez loin en arrière d'elle en effectifs de population, et sans aucun doute aussi en fonctions dans la vie de relations.

En revanche, le modèle illustré par <u>l'espace rhénan</u> au sens large révèle une structure d'équilibre mieux réparti au sens du réseau urbain. Les poids démographiques des 5 premières villes, au moins dans les régions franchement métropolisées, sont de l'ordre du million d'habitants avec une variation entre 630 000 (Zurich, Strasbourg, Mannheim, Nancy, Metz, Liège) et 1,4 million d'habitants (Stuttgart, Francfort, Lille), si l'on excepte les aires urbaines de Bruxelles ou plus complexes du type Randstad et Ruhr-Cologne-Dusseldorf. Mais si ces poids sont peu différents des chiffres rencontrés dans les régions périphériques, leur <u>ventilation sur les cinq villes de tête est bien mieux répartie</u>. En <u>effet, la très grande majorité des régions rhénanes est caractérisée par des indices compris entre 100 et 200</u> (10 cas sur 18). Les exceptions se rapportent soit à des situations frontalières qui restreignent le champ d'influence de villes actives (Bâle, Karlsruhe, d'où des indices inférieurs à 60), soit à des bassins ou foyers industriels denses, tels que la Sarre, la Ruhr et le bassin de Cologne - Aix, ici réunis en une seule entité (indice 228), ou encore Liège et Anvers.

Région de	Pop. 5 villes	Indice	Région de	Pop. 5 villes	Indice
Lausanne	262 000	90,6	Sarrebruck	273 000	116,6
Berne	334 600	105,5	Nancy-Metz	631 000	144,5
Zurich	703 200	66,1	Ruhr-Cologne	3 264 000	288,5
Bâle	400 000	43	Liège	620 000	21,8
Strasbourg	731 000	119,4	Bruxelles	1 715 000	45,4
Karlsruhe	421 000	60	Anvers	985 000	31,2
Stuttgart	1 262 000	100,3	Gand	700 000	100
Mannheim	770 000	134,7	Lille R.T.	1 781 000	102,1
Francfort	1 361 000	103,7	Randstad- villes	2 370 000	191
			Holland aggl.	3 503 000	219

★ <u>Les indications à l'échelle des zones d'attraction commerciale intermédiaires</u>.

A ce niveau, l'étude comparative portant sur la France, la R.F.A. et le Benelux permet de prendre en considération environ 150 cellules fonctionnelles pour lesquelles il est intéressant de procéder à la même prospection sur l'organisation urbaine.

Bien entendu, il faut s'attendre à trouver des valeurs numériques d'indices de concentration-dispersion différents des précédents, étant donné que les unités individualisées sont soit polarisées par une ville majeure dont on ne retient plus que la zone d'influence proche, soit par une ville moyenne, relais ou non de la ville majeure.

- <u>Les caractéristiques de l'organisation urbaine dans l'espace rhénan</u> peuvent être regroupées autour des notations suivantes :

. au niveau des <u>zones d'influence directe des grandes villes</u>, il est normal que se marque le poids écrasant de l'agglomération majeure. Dans le total de population des 5 premières unités urbaines, celle-ci, le plus souvent, représente environ trois quarts des effectifs. Cette proportion n'est dépassée que dans les centres belges : 81 % (Gand) à 94 % (Bruxelles). Ces capitales exercent une forte centralité sur leur zone proche exprimée par des indices de concentration-dispersion de l'ordre de 30-40, les cas belges se situant entre 6 et 23.

A l'inverse, on constate un affaiblissement dans l'emprise de la ville majeure dans les formes urbaines tendant à la conurbation ou à la région urbaine. Déjà Francfort ne prend dans le groupe des 5 premières villes de sa région que 70 % de la population; surtout, Lille plus que 50 %, Mannheim 44 %, Amsterdam 30 % dans la Randstad-Holland, Essen 38 % dans la partie de la Ruhr qu'elle contrôle directement. Il y a ici partage de la centralité sur les divers noyaux des conurbations, ce qu'exprime l'indice de concentration-dispersion supérieur à 80, allant jusqu'à 160.

. <u>les zones d'influence apparentes hors des grandes cités</u> se caractérisent pour leur part de manière assez uniforme en deux types contrastés.

Un premier groupement concerne, sur les 40 cas examinés, 22 unités, soit une nette majorité. On y voit une remarquable distribution des indices de concentration-dispersion entre <u>35 et 65</u>, traduisant le rôle sans doute bien affirmé de la ville de niveau intermédiaire polarisatrice de la cellule de référence. Rôle affirmé, mais non écrasant, car il est très rare que son poids, dans le réseau des 5 premières villes s'écarte d'une proportion de 65-70 %.

Un second groupement est illustré par 11 autres unités, où l'indice de concentration-dispersion est <u>supérieur à 80</u>. Il s'agit surtout de cellules "régionales" en espace industriel (Ruhr, Sarre, Campine belge, Limbourg belgo-hollandais Nord de la France + Belfort). Là, les autres villes en tête du semis urbain partagent avec la première les effectifs de population de manière très marquée (1).

Seulement 7 cas aberrants sur 40 ont été relevés, ce qui montre bien que les structures du modèle rhénan, au sens large, sont passibles d'interprétations assez commodément généralisables.

- <u>La structure de type parisien</u>, elle aussi, est assez clairement mise en évidence. Par le poids énorme joué par la capitale, dans la tête du réseau urbain d'abord : Paris : 98 %, Munich 94 % ; on peut en rapprocher Bruxelles que l'on vient de signaler, Toulouse (94,5), Hambourg (91 %) et Lyon (91 %). L'indice de concentration-dispersion correspondant est significatif : 2,4 pour Paris, 9,5 pour Munich, 6,3 pour Bruxelles, 9,5 pour Lyon, 10 pour Hambourg, soit <u>inférieur ou égal à 10</u>.

Les cellules incluses dans la grande zone d'influence de ces capitales très dominantes sont deux sortes. Certaines répètent à une échelle plus réduite le même processus de domination (indices de Dijon : 8,4, de Troyes : 14, Orléans 12,5, Amiens 22, Grenoble 16, Lubeck 27) sur des espaces à structure rurale bien marquée. D'autres affirment une structure un peu mieux équilibrée, dans laquelle le centre principal, comme dans le type rhénan, s'impose sans excès (60-70 % et indices de 30 à 65). Mais il en est encore où le centre principal ne domine que médiocrement (Bourg, Valence autour de Lyon = indices égaux ou supérieurs à 80 ; Ulm =127). Quoiqu'il en soit, il ne faut pas perdre de vue que dans ce "modèle" d'organisation spatiale, les diverses cellules "centrées" n'intègrent pas tout le territoire des grandes régions métropolisées.

- Les espaces "atlantico-méditerranéens" sont plus hétérogènes. <u>Autour de certaines villes capitales</u>, les espaces intermédiaires sont fortement dépendants : plus que dans les situations homologues rhénanes, mais moins que dans le modèle parisien : c'est ce qu'illustrent Bordeaux, Clermont-Ferrand et Nantes ou Marseille. Leur place parmi les cinq villes de tête est comprise entre 70 et 90, l'indice de concentration-dispersion se tenant entre 10 et 30. D'autres cellules, autour de villes ayant un rôle régional, présentent en revanche des

---

(1) On trouve également un manque d'affirmation de la première ville dans les cas particuliers de Metz et de Coblence.

valeurs assez faibles du poids de la ville maîtresse, plus réduit que dans le type rhénan, et ceci sans que cela reflète des structures de régions urbaines : Caen, Rennes, Angers, Limoges, Montpellier en sont des exemples (indices de 45 à 95, avec une place de la première ville parmi les cinq comprise entre 50 et 70 %).

Au niveau des <u>régions de villes moyennes</u> et éventuellement de relais, les 32 cas étudiés révèlent des structures variées.

Un premier lot est caractérisé par le poids modeste de la ville moyenne, inférieur à 60 % du total de population des cinq premières villes : Quimper, Vannes, La Roche-sur-Yon ; l'indice de concentration-dispersion se tient entre 60 et 110.

Un autre lot, plus important, signale des situations de forte concentration sur la ville primatiale, qui rassemble nombre des emplois non agricoles. Brest, St-Brieuc, Lorient, La Rochelle, Bayonne, Toulon, ports et lieux d'industrie, comptent tous plus des trois quarts de la population des cinq premières villes (75 à 95 %). Mais c'est aussi sans doute l'explication du rôle privilégié de villes en milieu rural telle que Le Mans, Poitiers, Angoulême, Perpignan. La faiblesse des autres villes du réseau est traduite par un indice de concentration-dispersion de l'ordre de 15 à 25. On peut rattacher à ce type le lot des cellules dans lesquelles il n'y a même pas 5 localités dépassant les 2 000 habitants : on en a rencontré 5 dans l'échantillon (Laval, Périgueux, Rodez, Montauban, Aix-en-Provence) ; dans ce cas, bien entendu, la ville principale acquiert un rôle très dominant.

Enfin, un dernier groupe de cellules a pour structure une organisation qui la rapproche du modèle rhénan : indices de 35 à 45, et poids démographique de la ville majeure compris entre 60 et 75 %. Il est curieux de noter que cela désigne plus spécialement des unités "de piedmont" : Pau, Tarbes et en Languedoc, Narbonne, Béziers, Nîmes, Alès ; à la même famille se joignent Albi, Avignon et Nice (1). Mais d'une manière générale, l'assimilation ne saurait alors être poussée très loin au plan des structures, ne serait-ce que du fait des différences de densité, de développement industriel et d'intensité corrélative de la vie de relations.

---

(1) On a déjà eu l'occasion d'évoquer une telle similitude à propos des espaces centrés définis par les trafics routiers. Il y a peut-être là un critère de distinction d'un sous-type au sein des espaces "périphériques" ou atlantico-méditerranéens".

- <u>Les régions de la partie orientale de la R.F.A.</u> occupent, dans notre analyse, une position assez délicate à définir. A chaque extrémité, les espaces centrés sur Hambourg au N, sur Munich au S, rappellent le modèle parisien. Mais leurs cellules environnantes n'ont pas les mêmes traits de structure que dans la grande région parisienne ; c'est que près de Hambourg ou bien existent des centres puissants (Brême, Hanovre) ou bien des réseaux de niveau moyen, mais relativement équilibrés (Kiel, Brunswick). Autour de Munich, les différences tiennent soit à la proximité de Nuremberg et de Stuttgart, soit à l'existence de cellules en revanche à niveau urbain modeste (Kempten, Landshut, Ingolstadt).

Le trait le plus particulier paraît être celui des espaces périphériques de la R.F.A., signalés par les poids atténués des 5 premières villes de chaque unité (moins de 100 000 habitants au total). Pourtant, à cette échelle réduite, les indices sont significatifs d'une concentration modérée sur la ville principale (60 à 72 % ; indice entre 34 et 70). On a là un stade d'espaces périphériques plus avancés dans l'urbanisation générale que ceux de France.

Quant aux entités centrées sur des villes de centralité importante, mais non majeure, telles que Munster ou Kassel, elles ressemblent, dans leurs caractères, à ceux qui ont été rencontrés en marge française de l'espace rhénan (cf. Nancy, Belfort, Arras) et à l'image de Stuttgart. Elles semblent participer en partie du système d'organisation fortement urbanisé et équilibré qui singularise le type rhénan.

Au total l'examen partiel des structures régionales tenté dans ce chapitre est à la fois un approfondissement de la connaissance des grandes familles d'espaces et un instrument utile pour leur analyse nuancée. Dans chaque famille, on a pu faire ressortir des nuances parfois importantes, voire des contrastes : leur intérêt est, à nos yeux, particulièrement évident pour ce qui concerne l'organisation des espaces de niveau intermédiaire. Et sans une bonne appréhension des sous-types, on ne saurait, par exemple, proposer une politique d'aménagement régional adapté.

Tableau n° 11 : **Caractéristiques urbaines des unités régionales intermédiaires**

	Unités autour des centres majeurs				Unités centrés sur les villes moyennes et les relais			
Région de	Pop. 5 villes en milliers	% ville ppale	Indice de concentr. disp.		Région de	Pop. 5 villes en milliers	% ville ppale	Indice de concentr. disp.
I) ESPACE "RHENAN"								
Dusseldorf	862	73,9	35,4		Bonn	420	66,8	49,6
Cologne	1099	76,4	30,7		Krefeld	357	62,1	60,9
Dortmund	870	73,3	36,3		Aix la Ch.	357	67	49
Francfort	962	69,4	44,1		Trèves	147	70	43,1
Strasbourg	399	74	19,1		Darmstadt	225	62,6	59,7
Liège	602	91,3	9,5		Mayence	269	67,4	48,9
Gand	432	81	23,4		Karlsruhe	421	62,6	59,6
Anvers	852	88	13,7		Pforzheim	135	69,8	43,3
					Colmar	119	63,5	57,3
Essen	1796	38	163,1		Mulhouse	267	72	34,3
Wuppertal	783	52,8	89,4		Verviers	120	66	50,8
Mannh+Ludw+H.	745	44	126,9		Namur	111	67	48,4
Randstad.Holl.	3539	30	232		Tournai	75	66	39,9
Lille R.T.	1683	52,3	91		Bruges	188	63,8	56,9
					Louvain	140	71	40
Bruxelles	1171	94	6,3		Malines	138	65,2	53
Stuttgart	954	66	51,4		M. Gladbach	364	41,5	141
					Hagen	368	53,7	86,5
					Siegen	158	36	178
					Sarrebruck	274	46	117,4
					Kaiserslautern	174	58,3	71,6
					Genk/Hasselt	145	41,4	141,9
					Turnhout	137	36,5	174
					Maastricht	233,3	48	108
					Metz	365	35	120

Belfort	206	55,6	79,8
Valenciennes	477	47	113,3
Nancy	352	62	36,4
Epinal	57,4	57,4	74,3
Arras	136	53	88,9
Groningue	350	49	104,3
Dunkerque	173	83	20,6
Besançon	129	90	10

II) TYPE "PARISIEN"

Paris	8358	98	2,4
Lyon	1178	91	9,5
Munich	1466	91,3	9,5
Hambourg	1946	90,7	10
(Bruxelles)	(1171)	(94)	(6,3)
Dijon	199,5	92,2	8,4
Troyes	130	87,5	14,1
Orléans	185	83,8	12,5
Amiens	167	81,7	22,4
Lubeck	301	78,8	26,8
Grenoble	385	86,4	15,7
Rouen	525	70,4	42
Tours	287	70,3	42,3
Reims	221	75,9	37,9
Bourges	108	70,7	41,5
Bourg	86	53	88,4
Valence	166	55,6	80
Ulm	212	44	127,4

—92—

III) TYPE "ATLANTICO-MEDITERRANEEN"

Région de	Pop. 5 villes en milliers	% ville ppale	Indice de concentr. disp.	Région de	Pop. 5 villes en milliers	% ville ppale	Indice de concentr. disp.
Bordeaux	629	88,3	13,2	Quimper	118	46,8	113,8
Clermont Ferrand	257	78,7	27,1	Vannes	59	62	61,2
Nantes	529	73,9	35,2	La Roche-sur-Yon	74	49	104,2
Marseille	1087	87,7	12,8				
Caen	295	51,6	93,8	Brest	220	76,9	30
Rennes	288	66,9	49	St Brieuc	86	78,1	28
Angers	251	65	53,9	Lorient	128	75	30,1
Limoges	243	60,9	64,3	La Rochelle	105	85	20
Montpellier	249	68,7	45,5	Bayonne	148	74	39
Nice	604	65	43,6	Toulon	358	96	6
				Le Mans	188	88,3	13,2
				Poitiers	95	84	21
				Angoulême	109	84,5	18,4
				Perpignan	135	79,3	26
				Pau	151	73,3	36,4
				Tarbes	115	63	54,1
				Narbonne	56	68,2	46,5
				Béziers	110	72,8	37,2
				Nîmes	170	73,4	36,3
				Alès	98	65	56
				Albi	81	66	53
				Avignon	215	65	54,3
				Vichy	77	73,3	35,8
				Agen	75	70,8	41,3
				Carcassonne	72	60,4	65,3

—93—

IV) PARTIE EST DE LA R.F.A.

Région de	Pop. 5 villes en milliers	% ville ppale	Indice de concentr. disp.	Région de	Pop. 5 villes en milliers	% ville ppale	Indice de concentr. disp.
(Hambourg)	(1946)	(90,7)	(10,1)	Schweinfurth	92	62,2	60,6
Brême	835	70,6	41,6	Cobourg	70	67,7	47,7
Hanovre	774	66,1	51,4	Bamberg	97	72	37,7
Nuremberg	712	72,3	38,3	Bayreuth	97	65,9	51,6
(Stuttgart)	(954)	(66)	(51,4)	Hof	92	59,3	68,5
Munich	(1466)	(91,3)	(9,5)	Weiden	66	64	56,1
				Passau	67	74,8	34
				Kiel	543	49,5	102,1
				Brunswick	471	46,8	113,7
				Oldenburg	384	34,7	188
				Giessen	156	49,7	101
				(Ulm)	(212)	(44)	(127,4)
				Onasbruck	286	57,3	74,4
				Munster	374	53,5	86,8
				Bielefeld	569	56,4	77,2
				Kassel	342	62,2	60,7
				Wurtzbourg	185	61,7	62,1
				Regensburg	189	69,6	43,8
				Augsbourg	354	72,5	37,6

CONCLUSIONS

"L'organisation régionale, à une époque donnée, dépend des capacités de la collectivité à inventer des solutions efficaces aux problèmes d'organisation économique et spatiale" (J.C. Perrin) (1).

1. DES ESPACES DE RELATIONS DIVERSIFIES

Au terme de leur recherche, les géographes de l'E.R.A. 214 peuvent souscrire à cette proposition, en soulignant combien sont importants pour la compréhension des structures régionales les phénomènes engendrés par la vie de relations. D'ailleurs, ils avaient marqué d'entrée de jeu leur souci de s'attacher à l'analyse des "aires d'existence collective", "cadres territoriaux à l'intérieur desquels s'effectuent la plupart des actes d'une population" (2), dans lesquels ils reconnaissent les espaces régionaux.

Un tel choix a conduit à s'affranchir des structures politico-administratives qui subdivisent les nations, non que l'on veuille leur dénier toute signification fonctionnelle ou toute valeur organisatrice, mais bien plutôt parce que leur configuration est trop souvent héritée de conditions historiques aujourd'hui dépassées ou oblitérées. En revanche, l'articulation des rapports spatiaux de cohésion ou de complémentarité et l'analyse des interrelations au sein de réseaux urbains ont semblé fournir des bases de définition plus fondamentales parce que traduisant de manière plus globale les traits de fonctionnalité.

Dès lors, l'observation a permis de mesurer les <u>degrés d'affirmation de cette fonctionnalité</u>, selon les cas, toutcomme d'éclairer une certaine diversité d'articulation. C'est que la réalité régionale ne s'est pas élaborée partout selon les mêmes données de structure, ni les mêmes processus d'intégration territoriale, ni selon les mêmes rythmes. Les actes de la population sont à mettre en rapport d'une part avec les besoins que celle-ci exprime et qui sont liés aux aspects dominants de l'activité économique, comme aux niveaux de vie, et d'autre part avec la distribution spatiale des lieux où ces besoins sont satisfaits. D'où l'accent mis sur ce qui permettait d'apprécier les niveaux de développement socio-économique, les degrés de centralité dans l'armature urbaine et le jeu des seuils d'accessibilité et de marché.

---

(1) J.C. Perrin : Le développement régional. Paris PUF, 1974, Coll. SUP p. 39.
(2) E. Juillard : La "Région" : contributions à une géographie générale des espaces régionaux. Paris, OPHRYS, 1974.

Ceci explique notre souci de commencer notre recherche par la
définition d'aires ou domaines homogènes en Europe occidentale. Par les
densités, les degrés d'industrialisation, ou la place encore occupée par
l'agriculture, par les niveaux de vie, on a cherché à observer les traits
majeurs de répartition des caractères de la vie de relation. Et avec l'étude
de l'urbanisation, des groupements d'emplois industriels et tertiaires, de
l'organisation des transports, s'est esquissée l'ossature de ses principales
articulations, dans lesquelles un rôle important a été accordé aux grandes
villes. Nous avons vu en elles les centres distributeurs de services rares
et détenteurs des équipements majeurs dont l'existence et la fréquentation
désignent le niveau régional, en évitant le recours systématique à la
capitale nationale. D'où l'intérêt accordé à leur taille, leur semis, leur
niveau de leur centralité.

Par cette double démarche nous avons mis en évidence différentes
structures spécifiques, qualifiées de "natures d'espaces", pouvant expliciter
dans l'étape ultérieure de la recherche les diverses modalités d'organisation
des régions fonctionnelles. Pour nuancer davantage, et pour tenir compte des
aspects dynamiques de la réalité régionale, nous y avons ajouté la notion de
stade de développement, afin de signaler des degrés dans une évolution propre
à chaque nature d'espace. Car à nos yeux -et c'est une raison supplémentaire
de ne pas s'en tenir d'emblée à des structures administratives figées- les
articulations spatiales enregistrent les changements plus ou moins rapides
existant au sein des organisations socio-économiques contemporaines.

2. DES POLITIQUES D'AMENAGEMENT A ADAPTER A CHAQUE GRAND TYPE D'ESPACE FONCTIONNEL

En fonction des natures d'espace, et en leur sein, notre étude
s'est poursuivie par une définition de type d'espaces fonctionnels, caractérisés chacun par une certaine structure spatiale et une logique propre des
processus d'évolution. Du même coup, il devrait en découler non pas une mais
des politiques d'aménagement adaptées à chaque famille de structure régionale,
les moyens à mettre en oeuvre étant sélectionnés en fonction des infléchisse-
ments souhaitables.

a) <u>Dans l'aire de type rhénan</u>.

Les caractères les mieux dégagés par notre analyse peuvent se résumer ainsi : une dimension relativement restreinte des gabarits spatiaux définis par les aires métropolisées ; une disposition "en juxtaposition", sans trop forts chevauchements, de ces espaces intégrés par les centres majeurs ; un emboitement de cellules sous-régionales, elles aussi de dimensions modestes quant aux surfaces, mais bien peuplées, et nombreuses, laissant peu de territoires hors des champs de polarisation.
<u>L'organisation urbaine y dénote un degré avancé d'évolution</u> dont témoignent d'une part l'équilibre assez bon qui s'est établi dans les rapports de force entre villes principales, voire l'existence de cas dans lesquels les services de niveau supérieur sont répartis entre plusieurs centres, et d'autre part un poids démographique de la ville primatiale (au regard de la population de sa zone d'influence) généralement nettement plus faible qu'ailleurs.

Le nombre élevé des cellules d'attraction commerciale ou de polarisation des trafics routiers est un révélateur <u>du rôle remarquable joué par des villes secondaires</u>. Ne serait-ce pas l'indice de réseaux urbains "mûrs", structurés selon une armature diffusant largement les services au bénéfice d'une population elle-même forte consommatrice de ces derniers, du fait d'une industrialisation plus intense et de l'urbanisation très avancée des campagnes ?

Dans un tel type d'espace, il semble que les <u>objectifs de l'aménagement</u> doivent être <u>de préserver les traits d'équilibre</u> atteints dans la répartition des services comme des activités entre les différents niveaux de places centrales, <u>d'améliorer</u> encore si nécessaire la <u>diffusion aux échelles locales ou sous-régionales des éléments du développement</u> socio-économique. Très souvent déjà une sorte de partage des fonctions s'est établi entre "métropoles" et "villes maîtresses" du même réseau, entre centres sous-régionaux et locaux. Aussi la notion de hiérarchie urbaine ne s'y impose sans doute pas avec la même rigueur qu'ailleurs et les qualités d'accessibilité renforçant les traits de proximité suggèrent au contraire de viser davantage à des répartitions d'équipements et de services dont la fréquentation favorisera les solidarités spatiales. De telles propositions ne supposent guère que des moyens d'intervention à caractère incitatif : amélioration des accessibilités vers les centres de tous niveaux, développement de cadres institutionnels souples d'entente ou de concertation entre collectivités territoriales.

Mais on peut transposer ces mêmes recommandations pour des perspectives à long terme et à une autre échelle spatiale. L'espace de type rhénan est morcelé par un important compartimentage frontalier ; cela n'a pas entravé l'essor de grands foyers économiques, engendrant des espaces socio-économiques aujourd'hui suffisamment attractifs pour "gommer" à certains égards quelques frontières. Aussi l'aménagement de régions multinationales doit progressivement pénétrer les esprits ; tout comme nos régions fonctionnelles s'inscrivent plus ou moins indépendamment des régions administratives, ici des espaces régionaux multinationaux s'esquissent ou s'affirment, qui pour leur harmonieux fonctionnement demandent que leur aménagement se conçoive dans une concertation des collectivités concernées, dans une coordination plus poussée également des "équipements structurants" éxigés par leur dynamisme.

b) Les espaces de type "parisien".

Là le caractère commun apparaît dans l'ampleur des zones d'influence réalisées au bénéfice d'une ville-capitale de poids écrasant (ou en tous cas très dominant) et appuyées sur un système de relations radial et centripète né d'une attractivié amplifiée par des facteurs historiques ou politiques. L'armature urbaine s'en trouve déséquilibrée, avec un rôle autonome réduit de centres sous-régionaux eux-mêmes victimes d'une phase d'étiolement des campagnes ayant abouti à une réduction des densités. Toutefois on a vu que ce "modèle" présente à l'heure actuelle des stades différents d'évolution.

En France, la redistribution en cours sur les villes de la "couronne" d'une partie de la croissance parisienne se caractérise par ses aspects sélectifs : prédominance des décentralisations industrielles d'éxécution, et choix porté vers des villes ayant déjà une certaine taille ainsi que de bonnes liaisons avec la capitale. Notre recherche a en revanche montré que si cette articulation actuelle créait des sous-régions dont le gabarit est approximativement de la taille d'un département, ces sous-régions étaient encore "insulaires" dans l'ensemble spatial dominé par Paris. Ce vaste ensemble est encore loin d'être ainsi organisé au niveau subalterne ; on y observe en fait des aires largement étendues où dominent des structures moins nettement différenciées, le niveau urbain apparaissant souvent insuffisant pour polariser

correctement les relations courantes ou occasionnelles. La dynamique propre
à la capitale, encouragée par les améliorations de l'accessibilité, engendre
un système d'inclusion progressive des unités sous-régionales qui avaient pu
s'organiser, avec une mise en tutelle économique gagnant sans cesse en extension.

Si <u>la région munichoise</u>, à une échelle plus réduite, semble rappeler
dans ses structures le cas parisien, on a évoqué un stade moins avancé de
rediffusion avec <u>Madrid</u> : marges encore plus inorganisées, rôle prépondérant
d'une capitale qui n'a pas encore revigoré par le desserrement de ses activités le système urbain environnant, ni des campagnes en mutation lente.

<u>Au regard de l'aménagement</u>, les politiques sont évidemment à
ajuster aux stades d'évolution. Il est clair en tous cas que les notions
d'équilibre et de cohérence sont ici à repenser sur d'autres bases que dans
l'espace rhénan. Pour ne retenir que le cas français, notre étude vient renforcer les diagnostics émis depuis plusieurs années : l'urgence d'une <u>redistribution plus complète de fonctions diverses</u> au bénéfice de métropoles
pouvant ainsi mieux s'affirmer ; <u>la nécessité de ralentir le processus
d'inclusion progressive</u> d'espaces toujours plus éloignés par le renforcement
des villes-relais, afin qu'elles puissent constituer un niveau intermédiaire
efficace dans la vie de relations. L'espace londonien montre enfin que les
tendances de desserrement peuvent conduire à transformer le coeur de ces
vastes aires en "région urbaine". Ainsi les notions d'équilibre et de cohérence se situent au moins à deux niveaux spatiaux : par rapport aux espaces
régionaux voisins et par rapport à la région elle-même.

c) <u>Le cas des espaces "périphériques"</u>

L'hétérogénéité des situations et le caractère incomplet des bases
d'organisation spatiale paraissent devoir signaler les espaces que nous avons
qualifiés de "périphériques". <u>Les structures observées doivent être mises en
rapport avec les stades de développement</u>.

Lorsque la capitale régionale est bien affirmée dans ses fonctions,
elle bénéficie d'un rayonnement suffisant pour intégrer convenablement son
aire d'influence dès que l'accessibilité est satisfaisante. Le gabarit correspondant se distingue toutefois de celui des aires "rhénanes" par une taille
supérieure, du fait de densités plus inégalement ou plus faiblement réparties,

et la structure enregistre une diffusion plus ponctuelle des signes du développement (industrialisation, urbanisation). On a rattaché à ce stade les régions de Lyon, de Hanovre, ou de Hambourg.

Mais bien d'autres grandes cités ne parviennent pas à rayonner réellement sur les territoires qui devraient être de leur obédience si l'on s'appuyait sur le seul critère du seuil de marché. C'est qu'il leur manque soit des infrastructures d'accessibilité suffisantes, soit une armature urbaine correctement structurée : base très rurale encore, manque de relais sous-régionaux véritables. Dès lors, il y a place pour que des villes assez éloignées, mais de niveau de services moyen, puissent les suppléer dans l'organisation des relations. De tels centres en arrivent à dépasser les fonctions sous-régionales, sans parvenir à se hisser à un rôle régional effectif et satisfaisant. (cf. Pau, Brest..). En même temps, les espaces vraiment intégrés aux villes principales (Toulouse, Nantes, Bordeaux...) ressemblent quelque peu -quoique à une échelle plus restreinte - au stade primitif du modèle "parisien" : domination très lourde de la ville primatiale sur son environnement, exprimée tant par rapport aux villes voisines que par rapport à l'ensemble de la population attirée.

Enfin demeurent "non métropolisés" bien des intervalles dans lesquels, en France, se coulent diverses formes de pénétration de l'influence parisienne; l'application du modèle gravitaire en donne l'expression théorique, que retrouverait par exemple la géographie des investissements ou des loisirs de la capitale. Dans les quels aussi se dessinent bien des espaces centrés sur des villes de taille moyenne ou petite (cf. Périgueux, ou Rodez), intégrés insuffisamment dans des cadres régionaux et révélateurs de l'écartèlement des relations au niveau des services rares entre des capitales régionales différentes concurrentes mais lointaines, quoique plus accessibles que Paris.

Dans cet ample domaine, <u>les lignes dominantes de l'aménagement</u> suggérées par notre recherche seraient de conduire les régions les moins bien structurées à <u>intégrer autour de capitales véritables des espaces portés aux gabarits théoriques</u> formulés dans la seconde partie de ce travail. <u>L'effort prioritaire</u> semble devoir porter sur une meilleure desserte en transports permettant <u>l'amélioration des accessibilités</u> : <u>un renforcement alors possible du niveau supérieur des services faciliterait le développement d'une organisation mieux hiérarchisée du réseau urbain,</u> génératrice d'ensembles sous-régionaux mieux intégrés. Cela suppose aussi sans doute l'atténuation -par une <u>diversification des fonctions-</u> des aspects trop spécialisés <u>de certaines villes moyennes</u> qu' animent trop exclusivement ici le tourisme, là les activités industrielles ou portuaires, ailleurs la fonction de marché agricole. Enfin devraient être étudiées les modalités d'une transformation progressive des campagnes articulées dès lors en espaces moins repliés. Le cloisonnement de l'espace est en effet un défaut apparent dans l'organisation régionale, même là où le stade de développement est assez avancé, tout comme est assez générale une certaine faiblesse du niveau intermédiaire des villes (1). Bien entendu, il y a lieu parallèlement de <u>susciter un relèvement général du niveau de vie</u>, afin de rendre efficaces les améliorations d'accessibilité et de niveaux de services. L'exemple du stade de développement atteint dans la partie orientale de la R.F.A., autre "périphérie" de l'ensemble ouest européen étudié ici, permet d'observer ainsi la résorption des espaces "non métropolisés" et la possibilité donnée à quelques villes d'accéder à un rôle, sinon de métropole, du moins de centre régional satisfaisant (Kassel, Munster, Oldenbourg) : rôle auquel pourraient prétendre en France Montpellier, Limoges ou Clermont-Ferrand.

Ainsi l'une de nos conclusions est-elle la constatation générale que plus la vie de relations est intense et partagée entre un nombre important de villes dans un même système régional, plus est développée aussi la gamme des activités et le niveau du standart de vie, mieux s'organise la cohérence spatiale sur une répartition équilibrée des rôles parmi les places centrales. Un corrolaire de cette réflexion conduit alors à proposer des politiques d'aménagement adaptées, qui recouvrent l'ensemble des niveaux d'articulation des flux relationnels.

3. ARMATURES URBAINES REGIONALES ET CADRES DE DEVELOPPEMENT.

En manifestant notre prédilection pour la valeur significative des armatures urbaines, ossatures des organisations fonctionnelles régionales, nous avons conscience de poser du même coup <u>le problème de l'adéquation des divisions administratives à la politique régionalisée du développement</u> de chaque

---

(1) Soit que des fonctions spécifiques expliquent, plus que le rayonnement sous-régional, leur poids important en population, soit que au contraire leur importance démographique soit trop restreinte pour attirer un niveau suffisant de services.

nation. En insistant sur les formes de l'organisation régionale, considérées comme des représentations synthétiques et concrètes des systèmes ou sous-systèmes de la vie économique et sociale à l'échelle infra-nationale, nous soulignons combien elles mériteraient d'être retenues dans la planification régionalisée et la programmation de ce qui touche aux cadres d'existence.

Certes, il est clair que les cadres spatiaux qui se dégagent de notre analyse sont mouvants puisque résultant de la manifestation de champs de forces d'énergie fluctuante dans le temps. Dès lors, fluents voire flous puisque définis surtout par les fonctions de leurs centres, ils risquent d'apparaître inadéquats vis à vis d'objectifs de gestion administrative et de programmations en longue période. Néanmoins, la confrontation des deux types de découpage ne manque pas d'enseignements sur le caractère actuellement optimal ou non des cadres administratifs régionaux ou sous-régionaux ; les conditions les meilleures sont réalisées s'il peut y avoir coïncidence entre circonscriptions administrative et espace régional d'existence, et donc harmonisation entre les flux de relations émanant de la vie économique et sociale et ceux qu'engendre la gestion administrative.

C'est sans doute ce qui a été réalisé dans une bonne partie de la France au début du XXe siècle, lorsque les transports essentiellement ferroviaires et des besoins encore assez peu diversifiés des consommateurs faisaient du gabarit départemental celui qui respectait le mieux les seuils d'accessibilité et de marché. Aujourd'hui, sauf dans les aires de type "rhénan", la population d'un département n'atteint que très rarement le dernier de ces seuils ; le cadre de la vie "régionale", au plein sens du terme, est obligé le plus souvent d'associer plusieurs départements en tout ou partie. C'est cette constatation de la dimension trop étriquée du département au regard de la concertation économique, voire de la gestion administrative qui a conduit, dans les années 50, à constituer en France les circonscriptions d'action régionale. Leur découpage n'avait pas été précédé d'une étude approfondie des polarisations réelles et il présente une série de défauts qui ont été maintes fois dénoncés. Et actuellement le souci de permettre à la politique régionale et à celle de l'aménagement du territoire de jouer vraiment un rôle important dans la stratégie du développement recherché par le Plan a débouché sur des méthodes d'étude simultanée et interdépendante des problèmes régionaux et nationaux comme de leur projection à terme. Pour ce faire ont été réalisés des découpages encore plus amples (cf. ZEAT, régions "REGINA").

En regard de ces structures récemment mises en place, nos délimitations spatiales permettent des remarques et suggestions suivantes :

- Nous constatons d'abord que certaines régions de programme tiennent partiellement compte des gabarits modernes de la vie régionale. Le Nord, la Lorraine, l'Alsace, qui appartiennent à l'espace rhénan sont aussi les régions les moins étendues tout en étant plus peuplées que bien d'autres. Par rapport à notre analyse, leurs contours n'appelleraient que des retouches assez restreintes. On y relève par ailleurs le partage des zones d'influence entre villes majeures qui est encore un trait rhénan et qui pose sous un angle particulier la notion de réseau hiérarchisé des villes (les capitales sont "contestées" : Nancy par Metz, Strasbourg par Mulhouse, Lille par Dunkerque ou Valenciennes, mais sans doute vaudrait-il mieux transformer les contestations en complémentarités consenties). De son côté la région Rhône-Alpes reproduit assez bien le gabarit théorique de la région de type "périphérique évolué" : à l'époque ou elle fut créée, il s'agissait d'une anticipation ; aujourd'hui, grâce au renforcement décisif de la métropole lyonnaise, on peut considérer que l'intégration est en marche (1).

- Nous notons en revanche des inadéquations de signification bien différente. D'un côté, les régions d'Aquitaine, de Midi-Pyrénées, des Pays de la Loire, qui ont à peu près les mêmes dimensions que Rhône-Alpes, sont encore trop étendues, compte tenu de l'attractivité moins grande de leur capitale et de la quasi absence d'autoroutes. Nous dirions ici que le gabarit adopté il y a vingt ans reste encore maintenant en avance d'un stade d'évolution. D'un autre côté, la région parisienne réelle est en fait à considérer non pas dans son cadre de région de programme, mais à l'échelle d'un "bassin parisien" regroupant avec elle les régions Picardie, Champagne-Ardenne, Bourgogne, Centre, Haute et Basse Normandie (2). D'ailleurs ne commence t'on pas à introduire cette notion au niveau des travaux du Plan ?

Il n'est pas sans intérêt d'observer enfin la fragilité d'autres cadres administratifs régionaux soumis à des écartèlements du fait des liens économiques ou des structures calquées sur la vie de relation : Franche-Comté entre Alsace et région lyonnaise, Poitou-Charentes entre "Bassin Parisien" et Aquitaine, voire Languedoc-Roussillon entre région toulousaine et "Grand delta",

---

(1) Peut-être y aurait-il même lieu de considérer que l'organisation régionale en cours déborderait des limites de la région de programme pour gagner le Jura et une bonne partie des départements de Saône et Loire et de Haute Loire.
(2) Avec sans doute en plus le département de la Sarthe, et la partie Nord de Poitou-Charentes.

ou Limousin que peuvent partiellement à terme toucher les rayonnements émanant de Bordeaux ou de Toulouse.

Dans une conception quelque peu futuriste, la constitution de cadres de grandes dimensions pour la vaste région parisienne et pour les régions françaises périphériques n'aurait rien d'utopique. Elles semblent au contraire dans la logique des choses, à partir du moment où l'on supposerait acquises les corrections apportées à la médiocrité actuelle des structures régionales par l'aménagement des accessibilités et des niveaux urbains, compte tenu des densités et des répartitions spatiales des éléments des systèmes de villes.

- Enfin, nous voudrions <u>faire remarquer la coïncidence de nos trois "natures d'espaces" avec les propositions actuelles relatives aux rééquilibrages nationaux et régionaux.</u>

<u>Dans le cadre français,</u> le Commissariat au Plan a approuvé le découpage d'analyse contenu dans le <u>modèle REGINA (1)</u> qui retrouve tout à fait nos domaines homogènes. A son regroupement des régions Nord et Est correspond la partie française de l'espace de type "rhénan". Son "bassin parisien" (avec la région parisienne proprement dite) recouvre notre gabarit de grande région centrée sur la capitale, tandis que nos espaces périphériques y sont classés en deux entités ; celle que constituent Rhône-Alpes et Provence-Côte d'Azur, préfiguration du Grand Delta, répond au moins partiellement à notre distinction du stade "périphérique avancé" ; les région de l'Ouest y forment un autre ensemble "plus agricole et moins développé". Ajoutons que l'intégration, en 1974, du problème urbain dans le modèle REGINA souligne la place qui doit être reconnue aux systèmes urbains dans l'aménagement. Les auteurs du modèle reconnaissent de même l'intérêt d'une analyse qui reposerait sur les aires d'influence urbaine (et seule la défaillance de la statistique les a conduits à leur substituer les ZPIU). A relever encore l'ambition du modèle de permettre d'étudier l'incidence des différentes politiques d'urbanisation (développement des villes moyennes ou des grandes métropoles, ou encore progrès d'urbanisation homogène). La rencontre de notre problématique régionale avec celle qui sous-tend de telles recherches méritait, semble-t-il, d'être soulignée.

---

(1) R. Courbis. : le modèle REGINA d'analyse interdépendante des problèmes régionaux et nationaux. Vol. VI de l'IEP de Grenoble : Aménagement du Territoire et Développement Régional, v. aussi J.R. Courbis et J. Bourdon : Analyse et incidence du développement urbain dans le modèle REGINA de l'économie française. Communic. au Colloque Assoc. de Science Reg. de Langue Franç. Rotterdam, mai 1974, 35 p. ronéo. (à paraître).

Pour la R.F.A., nous avons eu par ailleurs connaissance d'une étude récente, synthèse de recherches en cours, où est proposée une partition du territoire fédéral sur la base de concepts sociaux et culturels (1). Il n' est pas sans intérêt pour nous d'y retrouver là encore l'individualisation de l'espace rhénan par rapport à ses périphéries Nord-Est et Sud-Est -le NE y est présenté subdivisé en un espace centré sur Hambourg et un autre englobant les zones d'influence de Brême, Kassel et Oldenbourg, le SE regroupe quant à lui les régions de Nuremberg et de Munich (Bavière)-.

Enfin, on sait que la politique d'aménagement en RFA accorde une place de premier choix à la définition de la hiérarchie des "Zentrale Orte", et de leurs zones d'influence, et que les Länder s'efforcent de modeler sur cette organisation spatiale les aires d'intervention. Ainsi naissent en Bade-Wurtemberg des "communautés régionales"; ainsi se redessinent certains "Regierungsbezirke" en Bavière, en Rhénanie N-Westphalie, ou Rhénanie-Palatinat(2).

4. REFLEXIONS SUR QUELQUES GRANDS THEMES DES POLITIQUES D'AMENAGEMENT

a) Quels rééquilibrages ?

L'hétérogénéité des espaces nationaux dans leurs aptitudes à la régionalisation est perçue depuis longtemps. En nous demandant quelle contribution notre étude pouvait apporter à cette problématique du rééquilibrage national, nous sommes arrivés à quelques conclusions générales. Si l'on admet avec nous l'existence de natures d'espaces distinctes, chaque fragment du territoire ouest-européen peut être identifié par l'aire homogène à laquelle il appartient, et par le stade de développement auquel il est parvenu. Il est donc possible de le replacer dans une évolution connue, et de le confronter avec des schémas de référence. Il apparaît que l'objectif de vouloir équilibrer en poids économique toutes les régions d'un même état est assez vain. On n'effacera pas de si tôt les différences existant sur ce plan entre France de l'Ouest et France de l'Est, entre Mezzogiorno et Plaine du Pô. Par contre, on peut s'assigner comme but le rééquilibrage des niveaux de vie et des conditions d'existence. Notre recherche a voulu montrer sur ce point qu'il faut alors associer la définition du cadre adéquat de la vie de relations aux efforts

---

(1) P. Schöller : Die Neugliederung des Bundesgebietes und die Problematik der Kultursozialen Richtbegriffe und Grundgesetzauftrag. Berichte z. dt Landeskunde. Band 48, 1974 p. 97-109.
(2) Conseil de l'Europe : La réforme territoriale et administrative en RFA (Etude) Doc. CE/LOC 72, mai 1972, 11 p.

portant sur l'emploi ou les niveaux de vie. Ainsi une région "périphérique", moins densément peuplée, moins industrialisée, a besoin d'être plus vaste qu'une région de type rhénan ; elle exige aussi que soit assuré à ses habitants un accès plus satisfaisant, en temps comme en pouvoir d'achat, aux services les plus rares dans une métropole équipée en conséquence et bien relayée par des chefs-lieux de sous-région choisis à bon escient et dotés des équipements correspondant aux fonctions qu'on leur assigne. Les actions comporteront sans doute des réajustements de l'emploi et des structures de production (réduction des effectifs agricoles, restructuration des exploitations, efforts sur des activités nouvelles) mais aussi un rééquilibrage des réseaux de services de manière à les rendre compatibles avec le respect des seuils de marché.

Déjà, en France, la politique des "métropoles d'équilibre" a voulu privilégier un petit nombre de capitales régionales, en vue de les rendre capables d' "intégrer" l'ensemble de leur zone d'influence. On sait que le résultat n'a pas répondu à toutes les espérances régionales, et que Lyon sans doute a été la seule grande ville à être capable d'accéder à un véritable rôle métropolitain, sans y être totalement parvenue. Peut-être s'est'on trop vite découragé et a-t'on trop misé sur les activités sans toujours considérer les termes de l'accessibilité régionale. Nos propos conduisent à relancer sur d'autres bases les objectifs de rééquilibrage qui passent par les capitales de région.

La vie collective, enfin, admet des cadres relativement hiérarchisés. Beaucoup de besoins sont satisfaits à l'échelon strictement local ; d'autres le sont au niveau de ce qu'on peut appeler la sous-région. C'est pourquoi une partie de notre analyse a aussi considéré ces éléments de l'espace fonctionnel. Nos aires d'attraction commerciale reflètent la répartition de tous les commerces et pas seulement des plus exceptionnels d'entre eux ; de même les aires de polarisation des trafics routiers ont signalé des centres attractifs à un tel niveau d'organisation de l'espace. Il en aurait été sans doute ainsi de l'examen des flux téléphoniques, si on avait pu mener jusqu'à son terme avec assez de données une recherche qui ne fut qu'amorcée. Quoiqu'il en soit, il a semblé important d'insister sur la prise en compte des structures internes des régions. Déterminer des "styles" d'organisation interne, en espaces plus ou moins bien emboités ou au contraire incomplètement intégrés, ou encore simplement juxtaposés, c'était aussi répondre au problème posé et envisager

autrement la question des rééquilibrages entre niveaux d'espaces. Qu'il nous
soit permis de souligner alors combien s'avère utile de concevoir les actions
d'aménagement permettant la réalisation de cet objectif de cohérence.

b) La diversité nécessaire d'une politique des "villes moyennes"

Au terme de notre étude, il nous est devenu évident que la signification d'une ville moyenne varie beaucoup, selon le type d'espace, et par conséquent la "région" potentielle dans laquelle elle se trouve. Les "villes moyennes" des régions de type "parisien" doivent être de puissants relais, rayonnant sur des territoires de la taille d'au moins un département, et appuyés à leur tour sur une couronne de villes plus modestes. Dans les régions de type "périphérique", les villes moyennes doivent être également de véritables capitales de sous-régions. Il pourra s'agir de villes moins peuplées, mais contrairement au type précédent l'accent devrait être mis d'abord sur l'équipement de la capitale régionale de façon à lui permettre d'intégrer l'ensemble, le développement de ses relais étant conçu en fonction d'elle. Autrement dit, la politique des villes moyennes ne devrait pas ici être menée sans une certaine subordination aux objectifs d'échelle régionale ou au moins sans relations étroite avec ces derniers. Quant à la région de type "rhénan", on a vu que sa capitale était également accompagnée d'autres villes parfois presque aussi importantes qu'elle. La faible distance entre tous ces centres peut alors autoriser une certaines répartition entre eux des services rares. Il s'agit dès lors davantage ici d'un problème de complémentarité que d'une question de relations de subordination. Ainsi, sans vouloir renier le souci qui a présidé au lancement de cette politique (1), à savoir l'idée d'une expansion mieux répartie et plus justement distribuée, nous pensons qu'il faut nuancer les rôles de manière fine, dépassant la dichotomie des situations au sein de "régions développées" ou "sous-développées". Il est certes nécessaire de s'intéresser aux conditions d'une nouvelle dynamique des villes moyennes, sous l'angle de leur rôle dans le système économique ; mais il nous apparait tout aussi important de ne pas isoler pour le privilégier cet aspect du développement, qui comporte un volet social sans lequel il ne saurait y avoir amélioration véritable des conditions d'existence. Notre approche par le critère synthétique de la vie de relations a tenté d'en montre le caractère fécond.

---

(1) DATAR : Scénarios pour les villes moyennes : Travaux et recherches de prospective (Schéma général d'aménagement de la France) Doc. Française, Août 1974, 204 p.

Tels sont quelques uns des prolongements possibles de notre recherche dans le domaine de l'action. Par delà les grandes articulations de l'espace économique, et même si les structures administratives ne suivent pas toujours, il devrait être possible, en se référant à des schémas tels que ceux que nous avons essayer d'établir, d'améliorer les conditions générales d'existence des populations en agissant sur leurs cadres spatiaux.

LISTE DES PRINCIPAUX TABLEAUX

Pages

Tableau n° 1 : Caractéristiques théoriques des types de régions...... 36

Tableau n° 2 : Caractéristiques des vitesses applicables aux types de routes....................................... 40

Tableau n° 3 : Traversées de villages : temps réel et temps calculé (exemples dans la région de Mulhouse)......... 41-42

Tableau n° 4 : Attributs retenus pour la description des régions fonctionnelles................................ 47

Tableau n° 5 : Attributs d'origine entrant dans la description des régions fonctionnelles................................ 48

Tableau n° 6 : Résultats d'analyse en composantes principales........ 49-50

Tableau n° 7 : Résultats des poids factoriels....................... 51-52

Tableau n° 8 : Sources utilisées pour la détermination des aires d'attraction des centres majeurs en Europe Occidentale 60

Tableau n° 9 : Gabarit des régions métropolisées d'Europe Occidentale 63

Tableau n°10 : Rapports entre population des centres et population attirée a) type "rhénan"............................... 77

b) type "périphérique"....................... 78

Tableau n°11 : Caractéristiques urbaines des unités régionales intermédiaires... 90

LISTE DES FIGURES

entre les pages...

Figure 1 : Gabarits régionaux en Europe occidentale ...   32-33

Figure 2 : Effets de pénalisations sur le tracé des isochrones..................................   40-41

Figure 3 : Région de Metz et région de Nîmes : graphe des liaisons régionales et interrégionales..   52-53

Figure 4 : Région de Brest et région de Valence : graphe des liaisons régionales et interrégionales..   52-53

Figure 5 : Région de Valence et région de Béziers : graphe des liaisons régionales et interrégionales............................   52-53

Figure 6 : Région de Perpignan et région d'Avignon : graphe des liaisons régionales et interrégionales............................   52-53

LISTE DES CARTES

                                                              entre les pages

Carte n° 1 : Semis urbain de l'Europe occidentale............. 14-15
Carte n° 2 : Essai d'interprétation de la carte des densités
             démographiques.................................. 16-17
Carte n° 3 : Les secteurs d'activité dominant en Europe
             occidentale..................................... 18-19
Carte n° 4 : Evolution démographique de l'Europe de l'Ouest,
             1960-1970....................................... 20-21
Carte n° 5 : Réseau autoroutier européen et agglomérations
             urbaines.. 22-23
Carte n° 6 : Voies de communications majeures en Europe
             occidentale..................................... 22-23
Carte n° 7 : Contribution à la délimitation des espaces "forts"
             et des espaces "faibles" en Europe occidentale... 26-27
Carte n° 8 : Domaines homogènes en Europe occidentale......... 26-27
Carte n° 9 : Ressorts d'influence urbaine et gabarits régionaux
             européens....................................... 44-45
Carte n°10 : Aires d'attraction des centres majeurs en Europe
             occidentale..................................... 62-63
Carte n°11 : Aires d'attraction commerciale des principales
             agglomération en Europe occidentale............. 70-71
Carte n°12 : Aires d'attraction des trafics routiers en R.F.A. 74-75
Carte n°13 : Aires d'attraction des trafics routiers en France 74-75
Carte n°14 : Poids démographiques des principaux centres urbains
             des régions fonctionnelles. R.F.A............... 84-85
Carte n°15 : Poids démographiques des principaux centres urbains
             des régions fonctionnelles. France.............. 84-85

TABLE DES MATIERES

Pages

INTRODUCTION.. 3
PREMIERE PARTIE : DELIMITATION DE DOMAINES HOMOGENES EN
                  EUROPE OCCIDENTALE........................... 11
1. Les semis urbains.. 13
   1.1. Présence d'une très grande ville isolée................. 13
   1.2. Semis serré de villes de toutes tailles................. 14
   1.3. Semis lâche... 14
2. Densités de population....................................... 15
3. Les activités.. 16
   3.1. Dans la répartition générale............................ 17
   3.2. Plusieurs types d'espaces............................... 17
4. Les grands traits de l'évolution démographique............... 19
   4.1. Principes retenus....................................... 19
   4.2. Les types de répartition................................ 20
5. Les équipements de transport................................. 21
   5.1. Dans l'espace rhénan et sa continuation transalpine..... 22
   5.2. Dans le type des grandes capitales...................... 23
   5.3. Maillages lâches et réseaux embryonnaires............... 23
6. Conclusion... 24
   6.1. Des stades de développement............................. 24
   6.2. Des espaces de nature différente........................ 25

DEUXIEME PARTIE : APPROCHE THEORIQUE DE LA STRUCTURE REGIONALE .. 29
1. Etablissement des gabarits théoriques........................ 31
   1.1. Type parisien... 31
   1.2. Type rhénan... 33
   1.3. Type périphérique....................................... 34
2. Utilisation d'un modèle gravitaire........................... 37
   2.1. Analyse critique du modèle.............................. 38
       a) la signification du numérateur....................... 38
       b) la signification du dénominateur..................... 39
       c) la pertinence des limites............................ 43

2.2. Analyse géographique des résultats.................... 44

    a) les suggestions du modèle gravitaire............... 44

    b) des hypothèses en cours de vérification............ 47

TROISIEME PARTIE : IDENTIFICATION DES TYPES D'ESPACES FONCTIONNELS : LEUR CONFRONTATION AVEC LES MODELES THEORIQUES................................. 57

1. <u>Les espaces d'attraction au niveau des centres majeurs</u>...... 59

   1.1. Les critères retenus.................................. 59

   1.2. Les types apparents................................... 62

      a) la région centrée sur Paris......................... 62

      b) les espaces périphériques français.................. 62

      c) dans l'espace rhénan................................ 64

      d) à l'Est de l'axe rhénan............................. 64

2. <u>Les cellules fonctionnelles de niveau intermédiaire</u>......... 65

   2.1. Les zones d'influence commerciale..................... 66

      a) remarques préliminaires............................. 66

      b) les diverses physionomies des polarisations de chalandise... 68

      c) la signification des aires d'influence commerciale.. 71

   2.2. Les espaces centrés selon les trafics routiers........ 73

      a) gabarits territoriaux des unités polarisées......... 73

      b) relations entre gabarits territoriaux et problématique de la région................................. 74

3. <u>Traits de structure interne des espaces fonctionnels</u>........ 76

   3.1. Le poids des centres dans les espaces polarisés....... 76

      a) dans le cadre des aires d'attraction des centres majeurs.. 76

      b) dans le cadre des cellules fonctionnelles de niveau intermédiaire...................................... 78

   3.2. Types de réseaux urbains régionaux.................... 82

      a) la démarche et la méthode........................... 83

      b) les types les plus apparents de structure........... 83

        - dans les zones d'influence des centres majeurs.... 82

        - dans les zones d'attraction commerciale intermédiaires... 86

CONCLUSIONS.. 95
1. Des espaces diversifiés..................................... 95
2. Des politiques d'aménagement à adapter...................... 96
3. Armatures urbaines régionales et cadres de développement..... 101
4. Réflexions sur quelques grands thèmes des politiques
   d'aménagement.. 105

LISTE DES PRINCIPAUX TABLEAUX................................. 109
LISTE DES FIGURES... 110
LISTE DES CARTES.. 111
TABLE DES MATIERES.. 112

IMPRIMERIE LOUIS-JEAN
Publications scientifiques et littéraires
TYPO - OFFSET
05002 GAP - Téléphone 51-35-23 +

Dépôt légal 542-1976